U0041982

Nachgefragt:
Weltreligionen

Basiswissen zum Mitreden

向下扎根！
德國教育的公民思辨課 —— 6

宗教怎麼來的？
為什麼人會相信看不見的神？

寫給所有人的宗教入門書

Burkhard Weitz　布克哈德・懷茲｜文
Verena Ballhaus　薇瑞娜・巴浩斯｜圖

王榮輝｜譯

世
界
宗
教

目錄

1 什麼是宗教？ 25
Was sind Religionen?

2 一神論宗教 37
Monotheistische Religionen

3 猶太教 49
Das Judentum

4 基督教 67
Das Christentum

宗教怎麼來的？為什麼人會相信看不見的神？寫給所有人的宗教入門書

5 伊斯蘭教 87
Der Islam

6 印度教 109
Der Hinduismus

宗教怎麼來的？為什麼人會相信看不見的神？寫給所有人的宗教入門書

「借鏡」德國教育的公民思辨課

沈清楷｜比利時魯汶大學哲學博士

「向下扎根！德國教育的公民思辨課」這套書系列開頭三本，分別是〈人權與民主篇〉、〈政治篇〉、〈哲學篇〉，它假設了，人活在民主的共同體與世界中，所不可或缺的基本知識。

什麼是「基本」知識？它指的是每一個人都要會的。很可能是我們自以為會的東西，而我們卻不懂或早已遺忘的。另一方面，「基本」知識也可能代表一種「理所當然」的知識。不過，那些我們以為理所當然的事情，卻可能是有問題的，而早已成為我們思考或推論的前提。若是如此，我們依據「所謂的」理所當然所推論出來的東西，會是錯誤或是帶有偏見的。是否因為我們缺乏反思這樣理所當然的機會，而一再積非成是？

就是人在質疑「理所當然」，並且重新回到「基本」，反思自己的前提以及背後整個價值系統，才能更理解自身，澄清思考與行動基礎的來源。即使這樣回到基本的過程中，最後了解到自己過去所認識的是盲目的，這也是一個重新認識自我的開端。

1. 對人的想像

當我們談論人性尊嚴，看似是自然而然的，或是將它視為一個不可侵犯的價值，然而人性尊嚴的確立，在西方歷史上卻經過一個漫長的道路，歷經「神權、君權、人權」不斷抗爭的過程，才稍稍地在制度上肯定人之為人的價值，逐漸地確立國家必須為了保護人民而存在。不過，即使一個再完

善的制度，如果不被監督、無法自我反省，它將會反過來，逐漸從「讓人自由」變成「讓人成為奴隸」，制度也會從保障自由轉變成箝制個人自由的枷鎖。

因此，儘管人類看來變得所謂文明了，卻依然有奴役與剝削他人的現象，相互蔑視而無法相互肯認，為了自己的利益不惜犧牲他人，甚至更多的機巧輔助了一種更大的殘忍，文明無法讓我們停止懷疑人性、擺脫人類固有的自私，人依然壟罩在「我是誰」的巨大謎團當中。但是我們也發現到一些充滿希望的靈魂，他們認為人對自己有責任，相信存在的勇氣，面對任何的不公不義，努力介入，並思索著既然我們並非那麼相信人性的良善，人會被惡所引誘，那麼應該建立起一個好制度。不過，任何的制度都可能避免不了腐化，透過制度來圖利自身，而形成更大的惡。即使一個標榜人民主權的民主國家，它會是保障人權價值的良心所在，也可能變成一塊遮羞布。一個國家是否民主，是依它能保障多少「個人」的人權做為指標。

根據《世界人權宣言》揭櫫所保障每個人享有的權利與自由「不因種族、膚色、性別、語言、宗教、政治或其他見解、國籍或社會出身、財產、出生或其他身分等，而有任何差別；並且不得基於個人所屬之國家或領土上政治、法律狀態或國際地位的不同而有所區別。」《世界人權宣言》明示著人性尊嚴必須不斷捍衛，必須避免苦難重覆不斷地發生在每個人身上。自1948年宣讀開始，根據捍衛不同形式的人權，許多跨國性組織不斷地催生、集結，規範並制止現代國家用各種形式迫害自己的人民。透過一次次的救援行動，對那些不被聞問的弱勢個體，伸出援手，將個人良心凝聚成集體的關懷。如著名的國際特赦組織，試圖營救威權統治下的異議

分子，反對國家可以不經正當程序，就隨意地逮捕、監禁、施加酷刑，甚至在毫無辯駁的情況下不明不白地被處死。在台灣過去的戒嚴年代，也曾因為國際特赦組織的援助，將威權時代那些勇敢爭取人權的人拯救出來。

〈人權與民主篇〉透過聯合國人權理事會、聯合國兒童基金會、無國界記者等堅持基本人權價值的眾多不同組織的介紹，不僅對照出那些虛弱悲觀靈魂的自怨自艾，而助長了壓迫與自私，也提醒了我們：是否對那些一波波正向我們侵襲而來的不公平浪潮渾然不覺？是否我們對人如何朝向共善的想像依舊不足？

2. 政策只能由政府主導嗎？

沒有人可以獨自生活，在共同生活中也不存在一種永久和平：人會彼此爭吵，甚至武力相向。當然，如果在共同生活中，找到一種協調的方式，不僅使得人與人之間不至於陷入永恆的衝突，還可能基於某種理想的設定，增進彼此的利益，產生一種良性的互惠，增進整體共同的善，讓「公共性最大化」。無論如何，共同生活中，我們必須要去設定一個共同努力的目標。然而，政治中所有利益的角力不見得是以公共化為主，反而有許多不同的力量，企圖將公共利益變成私人利益，因此，政治制度的設計和反省有其必要性。我們政治制度的反省有兩種，一種是效益性的反省，另外一種是從價值面的反省。因為政治制度容易淪為官僚化，看起來具有某種程度的效益，卻也容易陷入「依法行政」而導致「惡法亦法」，讓保護人民的法律僵化在形式主義的思維當中，也因此，當政治制度無法被反省，無法回到原初設計的價值設想當中，就容易陷入一種政治危機。

宗教怎麼來的？為什麼人會相信看不見的神？寫給所有人的宗教入門書

當我們問：政治是什麼？同樣也在問我們要什麼樣的政治？政治是否只是少數政治人物在媒體上讓人厭煩的喧囂？當我們具有一種判讀能力，還是可以在這些喧囂中辨識出真假與良善之所在。而最讓人擔心的是人們對政治的冷漠，乃至於進入到「去政治化」的狀態之中，因為去政治化的語言，就是一種用來鞏固保守勢力的政治化的修辭，進一步地讓政治孤立轉換成個人存在感的孤單，讓不談政治變成一種清高的道德姿態，當政治用更加複雜的語言試圖讓你覺得不用、也不需要知道政治人物在做什麼的時候，這就是我們應該要警覺的時候，因為政治之惡可能在我們的冷漠與無感當中發生。

　　〈政治篇〉從公民權到聯邦制的介紹，從政黨政治、權力分立到法案通過，以及各種不同的政治理論從左右光譜到各種主義如資本主義、自由主義、社會主義、共產主義所代表的不同含義，乃至於稅收與分配的問題，到尖銳的金錢與政治之間的關係，擁有公權力者的利益迴避原則，以及媒體作為第四權如何監督這些擁有權力的人。從關心自己的國內政治到國際地緣政治的思考：日內瓦公約、北大西洋公約組織、冷戰、歐洲共同體以及聯合國安理會、國際刑事法院等這些不同組織的介紹，說明一種政治教育的廣度，提供我們理解，作者想要傳遞什麼樣的政治思考給下一代。

　　歐洲極右派的出現，甚至新納粹的發生，以及來自於恐怖主義的威脅，德國人是否應該堅持哪一種國家主權的辯解，而對於難民、移民置之不理？還是去理解排外情緒如何被操作以及某種冷靜理性思考的必要？政治教育的目的，不僅給未來的政治人物參考，也提供現在的政治人物機會去反思從政的目的，如果不是競逐利益的話，提醒他們原初對公

共性嚮往的從政初衷。

3. 我和世界

　　「何為哲學？」這雖然是大哉問。我們依然可以從哲學這個學科所面對的事情來理解「哲學是什麼」。哲學面對「存在」（being）的問題，從而去思考存在以及這個世界背後的原因原理、去思考什麼「是」（being）真的、人如何存在（to be）、行動（動機到結果之間的關係）。或者我們可以簡單化約為兩個，面對「世界」和面對「自我」，接下來所面對的是「兩者之間的關係」。哲學要求針對以上這些問題進行後設思考，不僅反思各種可能性，還在可能性中尋找可行性。也就是靜下心去思考那些被我們視為理所當然的事，這些理所當然也往往充滿了條件性的偶然。

　　古希臘哲學家高吉亞（Gorgias）宣稱「無物存在、即使存在也無法認識、即使認識也無法告訴他人」，徹底質疑我們所謂的理所當然：「存在」、「認識」、「人我溝通」，雖然他正在把他的認識告訴我們，而產生自相矛盾，卻也提供對我們認識確實性的反省。到笛卡兒（René Descartes）提出「我思故我在」，主張即使懷疑也必須有個懷疑的我，即使被欺騙也要有一個被欺騙的我，我們得出一個不可懷疑的我，或是更精準地說是那個思考我的確信。不過，這個「思考我」的存在如果沒有進一步填充其內容，它卻很可能是空洞的。

　　我們可以在廣義的存在主義者身上，看到人雖然肯定自我存在，但卻會是一種空洞的確信，人因而不斷地焦慮著自身存在的意義，而產生了虛無感。存在是一種行動，而行動則是不斷地面臨選擇，因此選擇成為一個人在面對自我及其行動不可避免的態度，雖然如沙特（Jean-Paul Sartre）所說的

　宗教怎麼來的？為什麼人會相信看不見的神？寫給所有人的宗教入門書

「不選擇，也是一種選擇」，但是為了避免「選擇」一詞語意過於空洞，而迴避了選擇，我們則可以進一步說「選擇的選擇」和「不選擇的選擇」是兩個不一樣的選擇。

人有選擇的前提，在於他擁有自由，雖然這樣的自由是有局限的。人只要依自己所認為的、所希望、所欲求的……自由地去行動，他就必須擔負起行為的後果。因此，自由與責任之間是密不可分。不過，當我們進一步將真、假問題放進自由與責任中，就會展開一連串的辯證，從而了解到自己並非如此的自由，或是責任可能成為他人剝削我們的道德話術等等。

〈哲學篇〉中，作者不採取哲學史或概念系統的方式寫作，試圖將哲學知識「化繁為簡」，並建議我們「隨意翻閱」，是因為我們總是要有個機會脫離系統性的知識建構，但這並非意謂著「隨意閱讀」，而是放開既定的框架，留有餘裕地重新思考我們周遭以及自身上所發生的事情。

結語

當我們羨慕歐洲的教育制度之際，羨慕人才養成是多麼優秀，這並非是人種的聰明才智，而是教育制度與外在環境所形塑出來的。「人性無法進化」，我們無法將自己所累積的知識、經驗，透過遺傳讓下一代自然獲得，因此，一旦，我們不認為知識的傳遞是必要的，上一代所累積的知識將一點一滴的流逝，過去的知識，若是不透過教育傳承，前人苦思反省所得到的智慧注定消失，人將會從頭開始，不斷地重來，包括重複著人性中的殘忍與貪婪。不過，人類文明的發展中，它卻可以藉由制度創造某種良善的基礎，在教育中緩解人性中無法避免的貪婪。在這套「向下扎根，德國教育的

公民思辨課」的叢書出版之際，台灣現行的12年國教課綱，將最能帶給學生反思能力以及國際交流能力的學科——社會科（歷史、地理、公民）的必修時數，從8小時變成6小時。「借鏡」這套書，或許可以幫我們思考台灣教育改革之「未竟」，台灣現行的教育制度中，遺漏了什麼？

　宗教怎麼來的？為什麼人會相信看不見的神？寫給所有人的宗教入門書

一份給青少年 <small>總導讀</small>
參與社會討論的基礎知識

陳中芷 ｜ 自由寫作者

　　儘管台灣書市好不容易藉著《哈利波特》打破了僅為考試與教化的閱讀慣性，開啟了「一無是用」純智性與想像的奇幻世界，除此之外，適合青少年閱讀的書在哪裡？大人常說開卷有益，學校要求經典閱讀，社會鼓勵書香風氣，但是放眼書市，除了兒童繪本，絕大多數是以成人思維編輯出版的各種書籍，逼著中學生早早啃讀所謂的經典名著，可惜的是，超齡閱讀不會帶來超齡的興味。青少年這個尷尬的年齡層，有屬於自己的好奇與困惑，經歷小學階段之後，對家庭與社會有不一樣的觀察，嘗試摸索自己的定位，繪本與經典遠遠不能滿足青少年獨特的閱讀需求。這一套書《Nachgefragt: Basiswissen zum Mitreden》是希望在奇幻文學之外，提供給年輕讀者另類選項，若是他們在疲於篩選與掙扎於規訓之下，依然不忘探問世界與思索自身時，還有一些不會壞了胃口與品味的閱讀選擇。

　　這套書前三冊〈哲學篇〉、〈政治篇〉和〈人權與民主篇〉，是從德國一個青少年系列叢書中挑選出來的。這叢書的德文副標題為「參與討論的基本知識」，標明了編輯立意是專為青少年而寫的入門書。引領什麼呢？引領青少年進入公民社會。公民社會並不抽象也不遙遠，就是從如何共同生活開始。而共同生活是從認識自己開始，認識自己始於好奇，好奇也是一切知識與思索的起點。從窮究所見所聞，到發展出自己能思會想，進而得以與人對話，捍衛自己的主

張，傾聽他人的需求，釐清公與私的界線，知道政治的運作，明白個人在社會上的權利與義務；這一切從個人認同到公民身分的理解不會憑空而來，需要某些背景知識。這套書從哲學、政治與人權三個角度，勾勒出一份完整公民教育的基礎知識，提供給青少年在成為正式公民擁有投票權之前，一個思考求索的依憑。

〈哲學篇〉寫的不是哲學史，而是針對青少年提出基本哲學問題，也就是「思考」這回事，以及「如何認識自己」這個命題。全篇從生命關注開始，之後進入哲學史概覽，從古典到現在，囊括整個歐陸哲學發展的大脈絡，收尾落在一個問題：在現代科技不斷翻新進步之下，人又該如何認識自己。作者不單介紹哲學家，也善於組織哲學家的理論思維，以簡化的方式重新提問，隨手撿拾這些哲學思想在生活中的運用，比如德國有名的萊布尼茲餅乾、綠色和平組織所引用謝林的話：錢買不到吃的。書中舉的例子和假設的情境貼近青少年生活，並且兼顧某些哲學思維在歷史脈絡的前後關聯。

〈政治篇〉是從日常生活的面向解釋何謂政治。政治，不僅在台灣，在德國日常生活中，也常以負面形象出現，被鄙夷被唾棄，甚至冷漠以待，但是政治的影響力卻散發在所有生活領域裡，有必要正眼以對，看清楚其中權力關係下自身的權利與義務。這本書裡介紹的議題都是現代民主政治裡的基本問題，從個人到國家、歐盟、國際關係，到非國家組織，描寫出一個非常清楚的圖像：「我們」如何被統治；在各不同層級的政治機構之間，如何規範和保障了我們的共同生活？最後收尾收在，兒童在政治場域裡可以做什麼？而我們如何共同生活，也就決定了在家、在村、在城乃至在國，我們如何追求共同的幸福感（wohl fühlen），這是古典政治學

裡所揭櫫，卻在現代失落的最高理想。此外，本書雖然是以德國的政治現狀解釋給德國的青少年，但是，台灣法政制度多方面襲自德國，書中所提供的法政背景對台灣讀者也有所助益。

現代民主政治的基礎在於人權。〈人權與民主篇〉成書於2008年，尚未觸及台灣當前最熱門的婚姻平權議題。作者從更基礎而廣泛的方式解釋了「人權」概念的三代發展，人權與國家權力之間彼此制約又互相保證的辯證關係，以及透過許多非政府的人權組織勾勒出現代世界人權的圖像，藉著各種國際社運團體呈現出當代為人權努力奮鬥的未竟之業。當我們對人權有更深刻的理解，也就會對當代的婚姻平權議題的爭議有更清晰的價值取捨。貫穿全書而未明言的軸心是1948年通過的聯合國《世界人權宣言》。這篇宣言總結了前代人的受困經驗，奠定了當代人權的基本格局，本書許多篇章包含人權訴訟、新聞自由、平等受教權等等，都在呼應聯合國30條的人權宣言。書末筆者以聯合國中英德三種官方譯本互校，附上一個讓青少年容易理解的世界人權宣言版本，雖然不能取代正式的官方版本，但足以參考。

這類給青少年看的導論型書籍在德國書市不少，但能寫得舉重若輕的也不多見，這系列叢書從90年代起出版一直是風評極佳的長銷書。作者克里斯汀・舒茨－萊斯擔任過編輯，後來成為兒童青少年書籍的專業作者，擅長以生活化的例子解釋抽象的政治文化概念，文字簡明架構簡潔。這套書不僅是議題更是寫作筆法值得做為台灣出版借鏡，希望作者務實而全面的引導，帶給青少年讀者更犀利的思考能力和更能參與社會表達自我的發言能力，以面對當代複雜多端的公民社會。

專文導讀 從人們的生活認識宗教

黃克先 | 台大社會學系副教授

宗教，可說是最古老的人類制度之一，在歷史長河中帶領無數人在度過此生之際，思索生命的意義及方向。即使人們經歷了思想啟蒙、物質文明的突飛猛進、日新月異的科技，宗教仍歷久不衰地活躍著。即使一直有激進的世俗主義者或無神論人士斷言在他們眼中蒙昧無知大眾的古老體系終將從人類歷史舞台上褪去，但同時也有不少人（即使自己沒有信仰）從宗教中發現其恆在的價值：例如，回應人們各種人生困厄、難以預料的災難時的情緒，尋求此生意義和自我定位，以及凝聚滿足人親密需求之團體。從今日的眼光來看宗教，它雖然不是認識這個物理世界的最佳教材，卻仍提供不少人安身立命、心靈叩問的重要指南。

在世界許多先進地區，包括歐洲、美國，都發現沒有宗教信仰的人愈來愈多，但我們也看到人們的靈性需求依然不歇，嘗試用創新及與時俱進的方式來表述並實踐自身對超驗存在的信仰。另一方面，宗教也在1980年代後，重新回到公共領域的舞台，在許多重大的政治、社會議題上積極參與，許多暴力事件也被宣稱與宗教信仰間的衝突密切相關。因此，理解宗教是什麼及不同宗教的面貌，成為培養新一代公民、向下扎根之工作不可或缺的元素。台灣的宗教多元性及活潑發展程度堪稱世界數一數二，宗教議題經常登上新聞版面，居住的鄰里街角也常見到宗教場所或活動熱鬧進行，我們理應對宗教有更多的認識，本書就是一極佳的入門。

宗教源遠流長且各自有其傳統，想藉由一本輕薄短小的

宗教怎麼來的？為什麼人會相信看不見的神？寫給所有人的宗教入門書

書介紹這個議題本屬不易。然而，《向下扎根！德國教育的公民思辨課—世界宗教篇》可說是一本很成功的認識宗教的入門書籍。它涵蓋了世界幾個主要宗教，甚至有一章是與我們的文化切身相關、源於中國的華人宗教。同時，每一部分採用對宗教了解有限的人常會提出的問題做為開頭，例如，「為何人們要蓋那麼巨大的教堂？」、「人們需要一位神才能解釋這個世界嗎？」、「『伊斯蘭』是什麼意思？」、「是否有過以佛教之名發動的戰爭？」藉此，引介各宗教傳統裡的各種有趣典故及歷史事件，結合宗教徒日常生活的經驗與需求，讓讀者在脈絡中理解並能感受到，宗教是種實際被各種文化及地區內的人們活出來的產物，而非只是龐大、古板、專制的一套枯燥知識及古怪作法（然就此而論，作者撰寫的〈中國的宗教〉一章是個例外，或許因為種種限制，無法以同樣的方式介紹之）。很多時候，人們以為宗教徒就是單向式承受來自古早以前或遠在天邊的神祕力量的指示，無從選擇地被動執行命令，但本書作者也同時呈現，宗教律令及儀式之所以如此，大多跟宗教徒身處的社會脈絡、人文風俗、物理環境息息相關，亦回應一個實踐信仰的人本身的生物需求、美感經驗、倫理堅持、文化慣習。如此，讀者即使不信仰或認可某教，但基於同屬於人的前提，仍可同理信仰者的考量及作為。

　　本書篇幅有限，自然不可能面面俱到，但可成為一起點，引發讀者興趣後，再一窺源遠流長的各宗教傳統之堂奧；以下提供兩點參考。首先，台灣或中文世界的讀者或許可以在閱讀時進一步思考，作者描述的「宗教」及相關現象，與我們在本地看到的或從小接觸的宗教是否全然一致。本書以世界宗教為標題，作者又在西方世界成長且接受基督教神

專文導讀　　　　　　　　　　從人們的生活認識宗教　│　19

學訓練，是以對宗教的描寫，較偏向一神論的制度性宗教，強調清楚且排他的宗教隸屬，宗教的教義、經典、組織也相對明確且別於世俗。然而，在宗教當中有不少並不具備上述特性，好比我們相對熟悉的華人民間信仰，或是日本神道教、韓國薩滿教等。這個面向也有待讀者自行探查。回過頭來說，今日全球（西）化的影響，有許多本地宗教徒及宗教團體，亦以一神論制度性宗教為仿效對象，在組織方式、崇拜儀式、美學建築，乃至於思想體系上，日益趨同於一神論制度性宗教。其次，誠如前述，全球許多地方自稱無信仰者或無神論者愈來愈多，但嚴格說來，其中不少人的思想及做法卻仍帶著某些宗教特質；超驗出現的形式或許不似以往那麼崇高、威嚴、強大，又或許也仰賴特定權威的協助以接觸超驗，只是與權威的關係改變了，也可能組織的方式變得更彈性、信眾關係變得更流動。這樣的新趨勢也值得對宗教感興趣的讀者進一步探詢。

宗教怎麼來的？為什麼人會相信看不見的神？寫給所有人的宗教入門書

前言

一回，有5個瞎子想要知道一頭大象究竟長成什麼樣。他們分別從各個方面去觸摸牠。有個瞎子摸到象鼻，他大叫：「像條蛇耶！」另一個瞎子摸到象腿，他說：「像根柱子喔！」第三個瞎子摸到象耳，他認為：「像一大片棕櫚葉啊！」第四個瞎子摸到象背，他表示：「其實是像座山！」第五個瞎子摸到的則是象尾，他大喊：「分明是像支掃把才對！」這個故事是佛教徒所流傳下來的。他們想要藉此表達的是：人類就像這群瞎子，若是人們想要描述些什麼，每個人所掌握到的，總只是整體的一部分，而非全部，因此，每個人所見到的世界，都會與他人所見到的世界有所不同。

或許，在你認識的同齡者中，有某些人會去參加天主教或福音教派的「堅信禮」（confirmation）課程。或許你自己也會去參加這類課程。或許，在你的同學中，有些同學是猶太人，他們會為「猶太教成人禮」（bar mitzvah）做準備；那有點像堅信禮，只不過是猶太教的。或許你本身是個穆斯林，你很好奇，那些信仰基督教的同學在他們的宗教課程中，到底都學了些什麼。你們可能偶爾也會互相討論自己所信奉的宗教。或許，在討論的過程中，你們的情況就有點像上述的瞎子摸象。每個人都相信，自己正確地理解了某些事物，然而每個人所說的，卻又都有所出入。本書想要告訴你的是：人們基於不同的宗教會對他們自己的人生有多麼不一樣的理解，他們又會以多麼不一樣的方式來安排自己的人生。

若是你對其他的宗教有所認識，你也會對自己有更多的了解。這就有點像是，你第一次去某個朋友家吃晚餐。也許，

宗教怎麼來的？為什麼人會相信看不見的神？寫給所有人的宗教入門書

在你家裡，你們習慣全家一起吃飯；然而，在你朋友家裡，他們卻習慣每個人各自去冰箱找東西吃。你可能會覺得，自己還滿喜歡朋友家這種自由自在的方式；只不過，另一方面，缺少了你所熟悉的全家共進晚餐的氛圍，卻又讓你感到有點失落。當人們認識信奉別的宗教的人時，情況也會類似這樣。人們會訝異地發現到，其他人的生活方式有多麼地不同。人們也會了解到，他人所學的是怎樣的歷史，什麼對他人來說是重要的，甚至是神聖的，他人又是如何慶祝某些節日。同時你也會領悟到，相形之下，你自己的生活方式又有什麼特殊之處。是以，本書的目的在於，幫助你對自己及信奉其他宗教的他人有更好的認識。

我為本書挑選了6種世界性的宗教，分別是：猶太教、基督教、伊斯蘭教、印度教、佛教和儒教（儒家）。由於它們在全球各地各有非常多的信徒，因此它們全都是世界性的宗教。雖然全球僅有1,500萬的猶太教徒，相較於為數超過10億的穆斯林，與為數超過20億的基督徒，可說是小巫見大巫，不過我還是把猶太教列為一個世界性的宗教。對於歐洲人來說，猶太教其實非常重要。至於另一個大型宗教——錫克教（Sikhism），我在本書就姑且略而不談。「特本頭巾」（turban）是錫克教男性常見的頭飾。他們的宗教信仰有點類似於印度教，也有點類似於伊斯蘭教。目前全球約有2,200萬的錫克教徒，人數明顯多於猶太教徒。儘管如此，我還是決定不納入這個宗教。對於一本以世界性的宗教為主題的入門書來說，那或許反倒會讓讀者感到困惑。

期盼你能喜歡這本書。祝你閱讀愉快！

1

什麼是宗教？
Was sind Religionen?

為何對於宗教
有所了解
是如此地重要？

在2006年時，幾位丹麥的記者發表了一些諷刺伊斯蘭教先知穆罕默德的漫畫。他們曉得，這會讓某些人不太高興。不過，他們萬萬沒有料到，此舉居然惹毛了全球的穆斯林！

事實上，那些記者只是想要測試一下，在丹麥，表意自由是否大到足以讓人對伊斯蘭教及其先知穆罕默德開個玩笑。然而，很快地，諷刺穆罕默德的漫畫不僅在丹麥，就連在信奉伊斯蘭教的國家也都人盡皆知。許多穆斯林對於丹麥人取笑他們的先知感到非常憤怒。

宗教會影響我們人類的情感。它關係到，是否有什麼事情會傷害我們的情感，是否有什麼事情是我們不能亂開玩笑。

於是，大批的穆斯林上街抗議，他們高喊口號，焚燒丹麥國旗。某些西方國家的大使館也慘遭池魚之殃，大使館建物遭人縱火。這場所謂的「諷刺漫畫風波」延燒了數週之久。當時所有的新聞節目都報導了這起事件。某些人甚至擔心，信奉伊斯蘭教的國家與歐洲之間會爆發一場戰爭。

當時人們針對這起事件做了很多的討論。有些人認為，穆斯林缺乏幽默感，有些人則認為，那些歐洲人的行為很不得體，諷刺漫畫很傷人。有些人認為，人們不可以拿宗教來開玩笑，另有一些人卻表示，沒有什麼理由不能夠這麼做。有人呼籲，人們不該如此傲慢地對待穆斯林。也有人呼籲，人們不該被伊斯蘭教的暴力給嚇倒。關於價值、尊重其他宗教、宗教自尊等等，當時都有過很多的討論。無論如何，這一切都顯示出了一件事，那就是：對於宗教有所了解，會對我們很有幫助！

專家學者一再嘗試說明什麼是宗教。只可惜，至今為止，沒有人能夠成功做到。有些人認為，宗教關乎的是人們相信些什麼。

德語的「Religion」（宗教）一詞源自於拉丁語的「religio」。對於古羅馬哲學家塞內卡（Lucius Annaeus Seneca, 106-43 B.C.）來說，宗教就是認真、謹慎地為神廟服務。

也有一些人表示，在所有的宗教裡，都有一位或多位神明受到崇拜。但這也不盡然正確。並非每個印度教徒都崇拜神明。此外，佛教徒則認為，雖然正如存在著人類與動物，同樣也存在著眾神，不過，這個世界卻不是由任何神明所創造，世界的命運也並非由任何神明所左右。至於儒家裡是否存在著神明，這個問題則遭到了拒斥。對於信奉儒家思想的人來說，這個問題並不重要，真正重要的其實是在人生中正確地行為。

所有的宗教都有一套特別的人生哲學，一套關於人生的理論。然而這些理論卻不只是理論。它們往往都還包括了關於世界和生命是如何產生，以及有朝一日世界又會如何走向終點等各種多采多姿、充滿幻想的解釋。宗教也包括了某些總是遵循著相同模式的特殊行為，像是禮拜、祈禱、齋戒、節慶、殯葬和追思先人等。宗教性的建築物則包括教堂、猶太教堂、清真寺、寺廟、神壇、道場、神社等。此外，宗教還有一些所屬的標誌，所謂的「符號」，例如十字（架）、七燭台、新月、跳舞的四臂濕婆神、蓮花、太極等。最後，但卻非最不重要的是，所有的宗教都對什麼是對、什麼是錯有著十分明確的看法。

宗教會傳授些什麼？

在基督教裡，人們也根據希臘文將宗教的教義稱為「Dogma」（意即教義、教條、信條）。

每個宗教所傳授的東西都有所不同。他們各有一些包山包海的教義，像是關於人們應該如何行為、世界是如何形成、人們應該如何想像神明……

如果一個小孩用手去觸摸燒燙的爐子而被燙傷，他就曉得：我往後不能再去摸爐子！這種不好的經驗會成為那個小孩的教訓。儘管如此，還有很多小孩沒有摸過燒燙的爐子，還不曉得會被爐子燙傷這件事。大多數的小孩之所以學到這件事，都是因為他們的父母曾是那些被燙傷的小孩。他們學到了某些事情、某些教訓，但未曾親自受到傷害。

除了這些對待日常事物的教訓以外，人們還有關於人生本身的一些教訓。這些寶貴的教訓能夠幫助我們好好地應付我們自己的人生。這一切往往都是宗教的教義。它們涉及到哪些行為是對的、哪些行為是錯的、哪些事物在人生中是重要的、世界是如何形成的，以及哪些神明在統治著這個世界……

許多宗教的教義非常具有理論性；至少乍看之下如此。例如，當佛教徒說：人生就是痛苦，痛苦則是欲望所造成。或者，當印度教徒說：人的靈魂與世界的靈魂是一體的。這樣的教義，唯有當人們獲得了相關的說明，才有辦法理解。舉例而言，基督徒說：耶穌同時是人也是神。他們想說的是：一方面，耶穌確實曾經生而為人；另一方面，耶穌所說的話，對於基督徒而言是絕對正確的，因為那是上帝透過耶穌所說出。

穆斯林所信奉的教義說：神有99個名字。為何不是97或102個名字呢？他們的教義並未解釋。對於他們來說，神的名字是「阿拉」、「仁慈者」、「最神聖者」、「和平者」、「保護者」等等。這些教義幫助了穆斯林，讓他們得以對自己所信仰的神明有更好的了解。

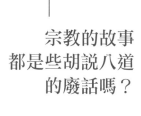

宗教的故事涉及到世界的開始與結束，涉及到愛、恨、和解、紛爭、良善和墮落等。乍看之下，它們往往不合邏輯、難以置信，而且令人感到困惑。

然而，提供與確實發生的事情有關的報告，或是傳遞科學可驗證的事實，這些都不是宗教故事的目的。事實上，宗教的故事旨在告訴我們，該如何去理解生命和這個世界。

希臘語的「故事」叫做「mythos」。德語的「Mythen」就是宗教的故事。

　　舉例來說，印度教徒就訴說了以下這樣的故事：從毗濕奴（Vishnu）的肚臍上生出了一朵蓮花，後來這朵蓮花就化成了梵天（Brahma）。只要梵天的眼睛一張，就會產生一個世界。只要祂的眼睛一閉，那個世界就會再度消失。梵天一共活了43萬2千歲，接著毗濕奴的肚臍又生出一朵新的蓮花，繼而化為一個新的梵天……藉由這個故事，印度教徒學到了：存在著無限多生而復滅的世界，生命是不斷地重複，因此個別的生命其實是十分微不足道。

　　猶太教徒則說了一個完全不一樣的故事。根據這個故事，上帝在時間起始時，創造了這個世界以及時間。在此之前，還有在所有的時間結束之後，都沒有時間；當上帝審判了所有的人類及其行為後，時間將不復存在。因此，每個生命都是重要的，因為那是上帝所要的。到了時間的終點，上帝將會根據每個人的行為審判每一個人。

　　印度教徒認為，生命是由一連串的重複所構成，人們必須順從生命的法則。猶太教徒則強調，每一個生命都是獨特的，人們應該好好利用自己的生命去做些什麼，因為每個人都只有唯一的一條性命。

究竟為何人們會説「日安」？

當人們在這個國家打招呼時，會伸出手來，向對方説聲「日安！」我們通常都會按照預定的、固定的規則行事，因為他人預期我們會這麼做，而且這也比總是要重新搞出一套新東西簡單許多。

宗教裡有一些被規定好的行為稱為儀式。每個宗教都有自己所屬的儀式。

規則可以讓共同生活變得容易。人們就只要去遵循它們，不必煞費周章地再去做些什麼思考。在所有的宗教裡，同樣也有一些被規定好的行為，稱為儀式，那是根據一套特定的模式反覆為之的行為。當基督徒在教堂裡舉行婚禮時，他們會先聽到引述自《聖經》裡的一段話，還有一段相關的布道，接著新人們就會允諾表示同意這段婚姻。這一切都是安排好的。種種的規則讓這一刻變得十分莊嚴，它們為這一刻賦予了長長久久的意義，好讓人莫忘這場隆重的婚禮。

當小孩出生或是要安葬死者時，人們也會舉行某些儀式。不過，儀式同樣也存在於日常生活中。如果一位印度教徒覺得自己很幸運，他可能會前往廟裡獻祭，藉以表達自己的感恩之意。他會將牛奶注入神壇上的一隻碗裡，雙手合十，閉上自己的眼睛。對他來說，他的幸運就這樣獲得了超越這一刻的某種意義。

儀式也會在人們面臨某種困難的情況時給予人們某些行為提示。舉例來說，某位好友的父親過世，這時我們該做些什麼呢？僅僅說聲「深表遺憾」也許不夠。這時人們可以遵照舉辦喪禮的各種規則，甚至親自前往墓園參加葬禮，藉以對死者及其家屬致上誠摯的哀悼之意。在墓園裡，人們會與其他前來弔唁的賓客一同站在準備將棺木葬於其中的墓穴旁。待棺木下葬後，所有的賓客會一一向前，短暫地凝視棺

宗教怎麼來的？為什麼人會相信看不見的神？寫給所有人的宗教入門書

木後，接著在棺木上撒下一點土。此舉能將我們與遭逢喪父之慟的好友聯繫起來，讓我們和他一起好好地向他的父親道別。這樣的儀式能讓我們免去負擔，讓我們不必親自去構思一些到頭來可能會是十分愚蠢的處理方式。

儀式有點像在演戲。

人們重複上演某些橋段。幾乎在所有的宗教裡，人們都會用一個簡單的、外在的洗淨動作來代表內在的洗淨。穆斯林都會固定在禱告前清洗自己的手、腳及額頭。他們會先在流水下搓揉自己的雙手，接著用沾溼的手輕抹頭部，然後再把自己的雙腳置於水中。在特別的節日前，猶太教徒會進行一場潔淨身體的沐浴，也就是所謂的「浸禮」（mikveh）。一個人若想成為基督徒，就得先泡在水裡來場所謂的「洗禮」（baptism）。時至今日，大多數的基督教教士則是改成只用少許的水淋在受洗者的頭上，藉此代表洗禮。印度教徒則是會在聖河中沐浴，在那之後，他們就會感到內心潔淨。

在某個福音教派的教會裡進行的洗禮。

信徒從何得知他們應該遵循什麼？

知悉某項事物有兩種方式，要不就是有人告訴我們、要不就是我們親自去探究。誠然，宗教包括了宗教的教義和宗教的典籍。

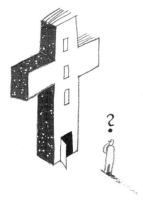

人們會從導師、師父或傳教士那裡獲得相關的解釋。中國人要不就是從老師那裡、要不就是從父母那裡，獲悉孔子的學說。在佛教中，唯有經驗豐富的冥想大師，才識得更高層次的意識狀態。在冥想方面，他們是唯一能為年輕僧侶指路的人。在伊斯蘭教裡，人們會向某些智者，所謂的「謝赫」（〔sheikh〕亦即伊斯蘭教的教長），請求給予人身方面的建議。每週五他們都會去參加共同的禱告，那裡會有一位「伊瑪目」（imam）負責傳教。而當猶太教徒想要知道，自己該如何遵循宗教的法規，他們則會就教於「拉比」（rabbi）。

人們多半會在宗教性建築裡找到宗教的導師，像是在廟宇、修道院、猶太教堂、清真寺或教堂等場所。每個宗教都有這類建築。印度教徒會建造華麗的神廟，他們每天都能在那裡見到傳教士。基督教的傳教士每個星期日（經常也會一週多次）都會和教區的信徒一起在教堂裡做禮拜。儒家基本上沒有什麼宗教性建築，因此只有極其少數的儒家廟宇。不過，在許多儒家信徒的家中，倒是會設置一個小型的神壇。

可是，宗教的導師是從哪獲得他們的資訊呢？他們是從每個世界性的宗教所擁有的神聖典籍裡。猶太教徒稱自己的神聖典籍為《塔木德》（*Talmud*），基督徒稱《聖經》（*Bible*），穆斯林有《古蘭經》（*Koran*），印度教徒有《吠陀》（*Vedas*）與《奧義書》（*Upanishads*），佛教徒稱自己的神聖典籍為「契經」（*sutra*），儒家信徒所擁有的則是孔子的語錄。

每個宗教的組織都有所不同。唯有在基督教裡，有個像「教會」這樣將所有信徒集合起來的組織。大部分的宗教團體都有宗教領袖，但卻沒有任何上位的聯合組織。

什麼人在宗教裡有話語權？

非洲的塞內加爾是個信奉伊斯蘭教的國家。那裡有許多由不同的宗教領袖所領導的宗教流派。人們多半會加入自己的父母所屬的宗教流派。只不過，塞內加爾人隨時都能更換信奉的宗派。在塞內加爾並沒有任何掌控所有宗派的最高宗教領袖。

　　當一位年輕的日本佛教徒想在某個寺院裡拜師，他會去找一位聲譽卓著的師父，但這還不代表他已經接受這位師父為師父。一直要到年輕的佛教徒皈依這位師父，而且發覺到自己能夠理解這位師父所說的話，也能在他的幫助下繼續進步，他才會成為這位師父的弟子。如此一來，他才會成為寺院的一分子。有可能，有朝一日，年輕的弟子變得比自己的師父還要高明，這時他就得離開寺院，另覓良師。也許新的師父會傳授他完全不一樣的東西；重點在於，這能讓他繼續進步。

　　所有信奉天主教的基督徒都會對**教會**教義有一定程度的了解。天主教（羅馬公教）的教會是個遍布全球的龐大組織，這個組織會監控全球的天主教徒學習及信仰同一套內容；德國的天主教徒與菲律賓的天主教徒都被傳授了同樣的東西。每個天主教教區都有一位傳教士負責，在他們之上有「主教」，立於這個組織的頂端的人就是「教宗」。關於那些有爭議的問題，則是教宗說了算。

唯有在基督教裡，有一個像**教會**這樣的組織。

什麼是對，
什麼是錯？

關於什麼可以允許、什麼不能允許，所有的宗教都有不同想法。在遇到困難的決定時，那些想法會影響我們的判斷和行為。

宗教在什麼是對、什麼是錯上所具有觀念稱為「道德」。

研究人員打算利用受精卵為病人培養出替代組織，他們不是要讓它長成一個完整的寶寶，只是要讓它長成一個人類的肝臟或一些神經細胞。在所有信奉基督教的國家裡，人們能否做這樣的事情，存在著很大的爭議。對於基督徒而言，人類是仁慈的造物主上帝根據自己的形象所創造。羅馬公教教會表示，一旦精子與卵子相互結合，就存在著人類獨特的性質。教會認為，上帝想要這個人。殺死一顆受精卵，無異於殺死一個已經誕生的人。也因此，在所有信奉基督教的國家裡，對於研究人員能否為了實驗殺死人類的受精卵，才會有如此多的爭議。

就連在德國，也存在著這方面的爭議；雖然目前僅有不到四分之一的德國人會固定在禮拜天上教堂。儘管如此，基督教在德國還是具有強大的影響力。某些德國的研究人員為了自己的研究想要殺死受精卵，但基督徒卻不許他們這麼做。

以色列則沒有這方面的爭議。以色列是個深受猶太教所影響的國家；雖然目前有半數以上的以色列猶太人根本不信教。儘管如此，以色列的大多數人如何思考，還是受到了猶太教的強烈影響。對於猶太人來說，人類的生命要從出生之後才算開始。也因此，研究人員在以色列利用人類的受精卵進行研究，完全不會引發任何爭議。

| 宗教怎麼來的？為什麼人會相信看不見的神？寫給所有人的宗教入門書

我們很難準確地說，一個宗教到底有多少的追隨者。儘管如此，每年人們還是會嘗試做個概略的估算。2005年時所得出的統計結果大抵如下：

人們可以在形式上屬於某個宗教，但或許在實質上還遠遠算不上是個「信徒」。

地球上有將近三分之一的人是基督徒，在全球65億的總人口中，約為21億人。德國有5,700萬名基督徒，約為德國總人口的三分之二。這個數字代表著什麼呢？難道所有的這些人全都真的相信，耶穌基督——誠如基督教所傳授的——是上帝之子嗎？如果我們去德國的某個中學校園裡走一遭，恐怕只有極少數的學生會表示，自己相信耶穌基督。許多學生或許會表示，自己是屬於天主教或福音教派，在自己還是個小寶寶的時候曾經受洗。基本上，受洗的人遠比虔誠的基督徒還多。儘管如此，如果人們想要統計基督徒的人數，每個受洗的人也都會被算成是基督徒。

伊斯蘭教是全球第二大宗教，約有13億名信徒。而如今，也早已不是每個穆斯林都會如伊斯蘭教所要求的那樣，每天禱告5次。如此龐大的人數，同樣也有很大一部分是因為父母是穆斯林的關係。

這種情況普遍見於所有的宗教；它們擁有許多的「信徒」，可是如今早就不是每個信徒都是十分虔誠。在8億5千萬名印度教徒中，有多少人會經常前往廟宇膜拜呢？在3億8千萬名佛教徒中，又有多少人會做佛教的功課呢？關於這一切，我們無從得知。

事情甚至還可能更為複雜：如果母親信奉猶太教，子女就自動成為猶太教徒。據此，全球約有1,500萬名猶太教徒。然而，如果一個一出生就成了猶太教徒的人信了佛教，那又當如何呢？他究竟該算是一個猶太教徒，還是一個佛教徒呢？

2

一神論宗教
Monotheistische
Religionen

人們需要一位神才能解釋這個世界嗎？

為何我會存在於這世上？為何會有這個世界？生命是如何產生的？我們每個人總會一再追問諸如此類的問題。

人們可以把這些問題擱在一旁，並且表示：就是如此而已！卻也可以嘗試為這些問題找個解答。像是自然科學家就在這麼做。為何會有這個世界？自然科學家的答案是：過去曾有一場大爆炸，在那場大爆炸中形成了宇宙。我們的太陽系就在這個宇宙中。在地球上形成了一些簡單的生物。他們逐漸適應不斷變化的環境，也在環境的變化中改變了自己。就這樣，不斷地產生出新的生命形式，到了某個時刻也產生出了人類。

猶太教徒、基督徒與穆斯林認為，這個世界是由唯一一位神所創造。他們的宗教是屬於「一神論」（〔monotheistisch〕德文源自於希臘文的monos〔單一〕和theos〔神〕）的宗教。

科學家並不接受奇蹟做為解釋。他們不去借助神來解釋世界。不過，就算科學家解釋了一切，也還是無法消除我們對於自身存在於這世上、對於這個世界居然存在所感到的訝異。對於這一切感到驚奇，其實是很正常的。

宗教並不想要以科學的方式來解釋或證明世界與生命的出現。宗教講述某些故事。它們表示，對於人類來說，世界的誕生永遠都是個奇蹟。即使接受了所有科學的解釋，卻還是依然對生命感到驚嘆，這其實也完全無妨。

猶太教徒、基督徒與穆斯林認為：有位神，由於祂想要這個世界，於是祂創造了這個世界；此外，由於祂想要每個人，於是祂也創造了每個人。

誰創造了神？為何神想要我？這些問題我們或許永遠也找不到解答。對於宗教來說，重要的是，這個世界和我們每一個人都是神所要的。

事實上，親人之間偶爾也會發生爭執，例如為了遺產。令人遺憾的是，在這種情況下，人們往往會忘了，他們其實應該相互扶持。

猶太教徒、基督徒與穆斯林──是親人還是仇敵？

猶太教、基督教與伊斯蘭教可說是具有「親屬關係」的宗教。它們都是源自古猶太宗教；之中誰「承繼」了正統，眾說紛紜、各說各話。猶太教徒表示：自己是「原版」，其他的則都是冒牌。基督徒表示：自己更新了猶太教，今日的猶太教已經過時，伊斯蘭教則是憑空虛構。穆斯林則表示：自己的宗教是這三者當中最新的，從而也比其他兩者更為先進。

這3種宗教有著共同的聖地，也為了這些聖地爭執不休。如今位於耶路撒冷的伊斯蘭教重要聖地──圓頂清真寺（The Dome of the Rock）與阿克薩清真寺（Al-Aqsa Mosque），從前都是猶太教聖殿所在之處。根據傳說，這3個宗教的信仰典範亞伯拉罕（Abraham），幾乎在此親手殺害自己的兒子以撒（Isaac）。伊斯蘭教先知穆罕默德也是在此登上七重天。猶太教徒總是指責穆斯林，摧毀了他們的舊神殿，還在上頭蓋了伊斯蘭教的聖地。有一回，有位猶太教徒遭到逮捕，因為他居然打算炸毀圓頂清真寺，藉以重建猶太教的神殿。就連在亞伯拉罕墳墓所在地的希伯崙（Hebron），至今猶太教徒與穆斯林仍舊為了誰才能在聖地禱告爭執不休。

猶太教徒與基督徒擁有同樣的神聖典籍：《聖經舊約》。他們兩者幾乎是同時在慶祝他們的宗教節慶。然而，過去有很長一段時間，猶太教徒卻遭到基督徒的排斥、迫害與殺戮。

以色列與巴勒斯坦的某些地方對猶太教徒、基督徒與穆斯林來說，同屬於聖地。而這也是至今仍一再發生戰爭的原因之一。

為何猶太教徒、基督徒與穆斯林只相信一位神？

每個宗教或許都會帶點真實的成分。難道我們不能像是將猶太教、基督教與伊斯蘭教相互混合嗎？如此一來，我們或許就能從這三種宗教中各得到一點東西。

猶太教、基督教與伊斯蘭教，由於它們都可回溯自亞伯拉罕，因此也被稱為「亞伯拉罕諸教」（〔Abrahamic religions〕或稱亞伯拉罕宗教）。

一神論宗教的重要信念之一就是：只有唯一的一位神，這位神要求信徒服從於祂。一點點這個宗教加上一點點那個宗教，在一神論宗教裡是行不通的。

在這當中，**亞伯拉罕**（伊斯蘭教稱之為易卜拉欣）對於猶太教徒、基督徒與穆斯林而言，同樣都是一位「聽話」的信徒最好的榜樣。在距今大約3500年前，亞伯拉罕甚至確實曾經存活於今日的伊拉克北部一帶。根據傳說，上帝（真主）命令亞伯拉罕離開他的故鄉。亞伯拉罕服從上帝（真主）的命令。上帝（真主）許諾他擁有一塊屬於自己的土地和許多的後代，雖然當時亞伯拉罕年事已高。

當亞伯拉罕終於老來得子，上帝（真主）居然殘忍地要求他殺死自己的兒子以撒。這是亞伯拉罕希冀一輩子好不容易才盼來的兒子。沒了以撒，上帝（真主）那個「會有許多後代」的承諾，根本毫無意義。儘管如此，亞伯拉罕還是服從了上帝（真主）的命令。他幾乎就要將以撒殺死。然而，上帝（真主）識得了亞伯拉罕的順從，在最後一刻阻止了這項犧牲。

猶太教徒、基督徒與穆斯林都認為，這項忠誠測試遠遠超過一個人所能承受的極限。當亞伯拉罕其實只能將上帝（真主）想像成一個殘酷的教唆殺人者時，他在一個極其為難的處境下守住了對上帝（真主）的信念。那些信徒認為，如此虔誠的信仰，著實令人肅然起敬。也因此，亞伯拉罕被這些一神論宗教尊為信仰之父。

這個世界是不公平的。許多人窮到連活都活不下去。相反地，某些人卻是極其富有。強者發動戰爭攻擊弱者。一神論宗教如何解釋這樣的情況呢？

創世故事的背後隱藏著什麼？

猶太教徒、基督徒與穆斯林在他們的創世故事中提到，神用塵土創造了人類。神創造了男人「亞當」和女人「夏娃」。所有人類都是源自於這第一對人類夫妻。如此看來，人類其實是個大家庭，所有人理應像兄弟姊妹般對待彼此。遺憾的是，人類的所作所為卻未如他們的創造者所希望的那樣。

猶太教徒、基督徒與穆斯林認為，神用塵土造出了第一對人類夫婦，亞當和夏娃。

　　宗教之所以講述一些故事，不單只是想要描述過往，它們還想利用這些故事告訴人們，他們被註定了什麼、他們應該如何行為。「所有人都是兄弟姊妹」，這是亞當和夏娃的故事所隱藏的一個信息。

　　在猶太教徒、基督徒與穆斯林的創世故事裡，還有更多隱藏的信息。舉例來說，神用塵土創造了人類。無論是億萬富翁還是乞丐、哲學家抑或智能不足者、肌肉男抑或弱雞、大美女或是醜小鴨，所有人統統都是由塵土所做成，死後也將再度歸於塵土。在神面前，在他們的創造者面前，他們都是一樣的。因此，基本上，沒有人應該自以為高人一等。

　　儘管如此，為何人們還是會這麼做呢？因為神賦予人們自由。每個人都能自由決定，自己是要為惡還是行善。

一神論宗教
如何面對災難？

對於現代的猶太教徒、基督徒和穆斯林來說，自然災害是可用科學來解釋的事件。可是這些不幸要如何與他們的信仰相互調和呢？

猶太教徒、基督徒與穆斯林相信，這世上沒有什麼東西是具有神性的。神創造這個世界，就猶如陶器工人製造了一隻陶罐；根據這樣的說法，那位陶器工人具有神性，但他所製造的東西則否。

猶太教徒與基督徒認為，這個世界遵循著它自己的法則。早自很久以前起，他們就認為，閃電、打雷、洪水、乾旱、地震、風暴各有其自然成因，這些成因則是人們可以用科學方式去研究的。某位哲學家曾說，猶太教與基督教將這個世界「無神化」。儘管如此，猶太教徒與基督徒還是相信，這個世界完全是上帝根據祂自己的想法所精心創造的。

一切都是按照上帝的旨意發生。

基本上，唯有善才是上帝所要的；換言之，拯救和保護才是上帝所要的。如果有人在一場災難中劫後餘生，他們就會說：上帝拯救了他們！

不過，如果一場大海嘯一舉奪走成千上百人的性命，這又要怎麼說呢？這時猶太教徒與基督徒或許會哭喊：上帝怎能讓這樣的事情發生？上帝是否想藉此懲罰我們？畢竟，他們基本上認為，就連災難的發生，也與上帝的意旨有所關聯。只不過，他們並不清楚究竟是什麼關聯就是了。

穆斯林的情況則有所不同。他們認為，真主阿拉（Allah）還一直在創造這個世界。現正發生的一切，也都是阿拉所促

宗教怎麼來的？為什麼人會相信看不見的神？寫給所有人的宗教入門書

成；像是生長在沙漠裡的草，或是一場醞釀中的風暴。阿拉總是以同樣的方式促成它們。科學家所謂的自然法則，對於穆斯林來說，無非就是阿拉創造萬事萬物所根據的相同模式。穆斯林認為，自然法則只不過是阿拉的習慣，阿拉隨時都能改變。對於穆斯林而言，「自然法則」意謂著：阿拉總是根據同樣的原則來創造事物，祂總是出於習慣做同樣的事，如果有朝一日祂以別的方式行事，這對人類來說將是個奇蹟。舉例來說，阿拉通常會讓一個死去的人腐化；然而，只要祂願意，祂隨時可以讓一個死去的人復活。當災難發生時，穆斯林會表示：「阿拉的旨意我們必須接受！」

挪亞（Noah）方舟的故事也記述了一場災難。由於上帝（真主）看見人們在地上作惡多端，終日所想的盡是惡事，於是祂用一場洪水毀滅了這個世界。唯有挪亞和他的家人及所有動物各一對，在一艘大船上躲過了這場災難。猶太教徒、基督徒與穆斯林認為，神想藉這場大洪水告訴人類，祂有多麼不喜歡人類的為非作歹。即使時至今日，當發生災難時，許多人還是會問：神是否想要藉此告訴人類些什麼？

猶太教徒、基督徒與穆斯林講述了挪亞的故事。由於挪亞是個全無瑕疵的義人，他受神的指示打造了一艘巨型船隻，在一場大洪水中劫後餘生。

2005年發生大地震後的巴基斯坦。

信徒們從何得知
神對他們有何要求？

猶太教徒、基督徒與穆斯林不僅相信神，也相信神對人類有某些期待。他們究竟是從何得知神對他們的期待呢？

有時候，別人會有一些我們不曉得的祕密。正因為他們把一切弄得神神祕祕，這才更令人感到好奇。人們想要知道，搞得如此神祕的事情究竟是什麼。我們該如何得知它們呢？有兩種方法。一是，人們自己猜出那些祕密；要不就是自己一一把各種蛛絲馬跡拼湊起來，要不就是正確破解知情者的種種暗示。二是，由知情者直接和盤托出。猶太教徒、基督徒與穆斯林面對宗教知識的情況，就和人們面對祕密的情況一樣。信徒們長久以來一直不明白自己想要知道的一切。他們或許只是想要稍稍預見未來，但卻無法做到。他們或許想要理解，為何這個世界如此地不公平，但他們也推敲不出。唯有偶而，在十分罕見的機會下，個別的人得以獲知些什麼。他們從神那裡獲得了某種信息。

啟示指的是，一個人從神那裡獲得了某種信息。

在一神論宗教裡，這類信息或感召被稱為**啟示**（revelation）。像是人們在睡夢中遇見了像是天使，或是聽見了某種聲音。這類啟示未必全都十分美好，它們也可能相當恐怖。人們或許會得知某些會令他感到恐懼的事情，好比一場可怕的飢荒將至，或是他得去做些他自己完全不想做的事情。非信徒通常都會認為這類啟示是虛構的。相反地，信徒則會相信，神在這些啟示中揭示了關於生命的重要知識。

　宗教怎麼來的？為什麼人會相信看不見的神？寫給所有人的宗教入門書

如果猶太教徒、基督徒與穆斯林完全按照他們所信
奉的神的意旨行事，他們理應因此獲得獎勵！但他
們其實並沒有獲得什麼獎勵。他們該如何面對這樣
的情況呢？

一神論宗教的神公正嗎？

梅芙呂德‧根許（Mevlûde Genç）是位土耳其裔的穆斯林，她
是位虔誠的信徒，雖然她有很好的理由認為自己所信奉的
宗教毫無用處。1993年5月29日，在一場種族主義的攻擊
中，她位於索林根（Solingen）的家遭人縱火，她的兩個女兒、
兩個孫女和一個姪女全葬身火窟。她痛苦地經受了無情的
命運打擊。她大可痛恨世人，但她卻沒有這麼做。

　　梅芙呂德‧根許是否因為自己的虔誠獲得了
獎勵呢？完全相反，她失去了自己所愛、所珍視
的一切。

　　自古以來，猶太教徒、基督徒與穆斯林就一
直傳頌著一個虔信者的故事，這位信仰虔誠的人

猶太教徒、基督徒與穆斯林講述了約伯的故事。儘管他失去了自己所擁有的一切，但他還是對神忠心耿耿。

不但十分富有，而且還有個龐大的家庭，他的名字叫約伯（Job）。
約伯很不幸地淪為神及其對手撒旦（Satan）打賭的對象。在這場要
命的打賭中，撒旦挑釁地對神表示，約伯之所以敬愛神，無非是因
為神讓他過得很好，一旦約伯蒙受種種苦難，他必將棄神而去。神
接受了這場打賭。撒旦先是毀滅了約伯的財產，繼而又毀滅了他的
家人和他的健康。儘管如此，最終撒旦還是輸掉這場賭局。約伯雖
然向神抱怨自己多舛的命運，但他卻始終對神忠心耿耿。

　　一神論宗教的信徒深信，儘管在人生中有那麼多不公平的事
情，但根據神的意旨而活最終卻還是值得的。猶太教徒與基督徒相
信，上帝會在時間的終點根據每個人的所作所為審判每個人。也因
此，他們認為上帝終究還是公正的。

惡魔和地獄是怎麼回事？

我們偶爾會感受到邪惡的陰影。猶太教徒、基督徒與穆斯林相信世間存在著會引誘人類走向邪惡的惡魔。

某位被害少女的母親坐在法庭裡，她對面的被告坦承自己殺害了她的女兒。對於究竟是什麼促使那名凶手做出這樣的事情，被害少女的父母及其手足完全沒有頭緒。也許是某種邪惡的力量。此時，邪惡給這個家庭的日常生活蒙上了一層陰影。當子女晚歸時，父母就會極度恐慌。

邪惡在這些時刻就猶如一股會讓人感到很不舒服的

撒旦原是個天使，後來卻反叛神。

力量。對於猶太教徒、基督徒與穆斯林來說，這股力量有個名字，它就叫做——**撒旦**。在希伯來文中，這個詞彙指的是上帝的對手。據說撒旦曾經是天使，原本是站在神的那一邊，但如今卻反過來與神作對。在一神論宗教的神聖典籍裡，並沒有與撒旦的外表有關的描述。換言之，猶太教徒、基督徒與穆斯林並不一定都把撒旦想像成是一個長著馬蹄和羊角的人物。

在過去，強姦且殺害少女的被告在被判決有罪後，或許會被處決。然而死刑真能補償任何人嗎？也許不行。這樣的一種刑罰或許無助於任何人。由於沒有任何事物能夠彌補一個如此殘忍的行為，因此這三種一神論宗教的許多信徒都表示：殺人凶手應該下地獄，去找讓他犯下謀殺惡行的撒旦！不過，猶太教、基督教與伊斯蘭教的學者卻是明智地反對這樣的判斷。在他們看來，神才有權決定，一個殺人凶手的心靈究竟還有沒有救。

3

猶太教
Das Judentum

一個宗教，一個民族？

猶太人的身分是由出生來決定。因此，有人說，所有的猶太人在某種程度上彼此都是親戚，構成了一個大家庭，一個民族。

猶太人相信，上帝在所有的民族中挑選了他們這個民族，因為上帝特別疼愛他們。

一個人的母親若是猶太人，他就會自動成為猶太人。為何是取決於母親，而非父親呢？很簡單，一個人在出生時生母是誰很容易辨認；相反地，生父則無法那麼肯定，至少在確定親子關係的技術發明前沒有那麼容易。

完全不經個人同意就自動隸屬於猶太民族，這到底是好還是壞呢？舉例來說，像是在納粹統治時期出生於德國的猶太小孩，後來就被當成猶太人來迫害。這些孩子或許根本搞不清楚自己是個猶太人。許多祖父母是猶太人的孩子，當時都在全然未受宗教薰陶的環境中長大。這些孩子突然得知自己的生命危在旦夕，只因為自己的父母生為猶太人。他們很害怕，只不過，他們的處境不該歸咎於讓他們生而為猶太人的宗教，而是把他們當成猶太人而加以迫害的納粹。

上個世紀80年代在衣索匹亞長大的猶太人，情況則完全不同。當時那裡既有內戰、又有飢荒。他們不得不與家人一起逃亡，因為當時猶太人在衣索匹亞的處境特別艱難。最後，他們與家人和其他衣索匹亞的猶太人在難民營找到棲身之處。所有難民營裡的猶太人都很為自己的存活擔心。突然間，以色列的士兵居然駕著運輸機前來。他們把所有的難民全部載回以色列。到了那裡，沒人得再挨餓。對於當時那些衣索匹亞的猶太孩童來說，屬於猶太民族反而是他們的救贖。

在1984年與1991年時，以色列人用飛機從衣索匹亞接走大約22,000名猶太人。

如果人們去絕大多數都是猶太人的以色列走一遭，很快就會發現：猶太人看起來根本一點也不像個獨特的大家庭。

人們可以只因出生而成為猶太教徒嗎？

猶太人有歐洲人、東方人，也有非洲人，他們有著各式各樣的膚色。我們很難想像，這些人真如人們一直以來所宣稱的那樣，彼此有著親屬關係。

他們其實並不一定具有親屬關係。因為人們也可以在沒有猶太祖先的情況下信奉猶太教。過去曾有一段時間，甚至很容易這麼做。只不過，那已是很久以前的事了。時至今日，這種情況其實十分罕見。猶太人不宣傳自己的宗教。有位猶太教的學者，所謂的「拉比」，甚至曾經表示：人們應當拒絕那些想要成為猶太教徒的外人，對他們指出他們必須接受的所有困難。

想要成為猶太教徒確實不是件容易的事。有別於那些從小就熟悉猶太教的各種節慶、故事及規矩的人，新的信徒有很多東西要學。光是要記住許多希伯來文的詞彙（希伯來文是猶太文化所使用的語言），就已不是件容易的事。為了確定一個想要信奉猶太教的人確實掌握了種種重要的規定，猶太學者會對他們施以測驗。

儘管如此，還是一再會有非猶太教徒，也就是所謂的**異教徒**，不怕這些艱難險阻。他們要不就是因為愛上某個猶太教徒，要不就是十分嚮往這種宗教。所以，並非所有的猶太教徒彼此都有血緣關係。儘管如此，他們還是把自己看成是一個民族，一個由來自全球許多角落的人一起組成的共同體。

非猶太教徒：德文稱之為「heide」（意即**異教徒**），希伯來文則是「goj」。至於一個改信猶太教的人，德文以源自於希臘文的一個詞彙「proselyt」（意即皈依猶太教的信徒）稱之，希伯來文則是「ger」。

重點在於信仰？這點不適用於猶太教徒

長久以來，並非每個腳踏車騎士都曉得，自己為何不會從兩個輪子上摔下來。在騎腳踏車時，重要的並不是正確地了解有關的一切，而是正確地執行有關的一切。

猶太教徒必須遵守一些往往毫無邏輯可言的戒律。對於他們來說，正確地遵守那些戒律，要比正確地理解那些戒律來得重要。到了某個時刻，在大多數的信徒看來，這些戒律就會變得很有意義，也許甚至還會令人感到幸福。非猶太教徒或許很難理解為何會如此，這點就像不騎腳踏車的人很難理解騎腳踏車的人的感受。

「行為準繩」的希伯來文是halacha（哈拉卡）。「宗教故事」的希伯來文則是「haggadah」（哈加達）。

戒律的遵守，希伯來文稱為halacha（中譯為哈拉卡），德文則稱作Lebenswandel（中譯為生活方式）。在猶太教裡，一個人「做」些什麼，遠比一個人「信」些什麼更為重要。理論上，一個不信上帝的猶太教徒也可以是個好的猶太教徒。只不過，實際上，若是信仰得不夠虔誠，一個猶太教徒幾乎是會無法履行「哈拉卡」。

正確地遵守猶太教的所有613項戒律並非易事。不僅如此，總會存在某些有疑義的情況。舉例來說，胎兒經過母親產道出生後的30天內，這名長子的父親必須付給一名神職人員一筆贖金，因為每個長子原本都得成為神職人員，除非他用錢贖回自由之身。然而，如果長子不是自然分娩出世，而是以剖腹產的方式，亦即從母親的腹壁出世，在這種情況下，父親是否也得為他繳交贖金呢？

信徒如果對於這類問題感到疑惑，可以就教於某位猶太教的學者，也就是所謂的拉比。或許不是每位拉比在每個問題上都意見相同。即使是在「哈拉卡」的問題上，也可能出現意見分歧的情況。有些猶太教徒會開玩笑地說：哪裡有兩個猶太教徒出現，那裡就會有三種意見！重要的是，每位信徒都會盡己所能地好好遵守種種戒律。

拉比是猶太教的學者。

宗教怎麼來的？為什麼人會相信看不見的神？寫給所有人的宗教入門書

有些猶太教徒極度虔誠，有些猶太教徒普通虔誠；有些猶太教徒不太虔誠，有些猶太教徒則是一點也不虔誠，他們甚至會被那些極度虔誠的猶太教徒搞到抓狂。但他們全都是猶太教徒。

為何有些猶太教徒會在頭上戴頂小帽？

許多猶太教徒並沒有那麼虔誠，他們幾乎不遵守任何戒律，對於猶太習俗也所知無多，儘管如此，他們還是猶太教徒。他們也會根據猶太教的教義讓自己的兒子行割禮（參見 P.58）。他們在葬禮上也會在頭上戴頂稱作基帕（kippah）的小帽。

　　虔誠的猶太教男性會在日間持續帶著基帕。根據猶太習俗，男性不得不遮蓋頭部走超過2.4公尺。為什麼？沒人能說得清楚。不過，基帕是種象徵。戴上基帕就能讓人識別出那是個猶太教徒。虔誠的猶太教徒總會在日間用一條方巾圍住腰部。方巾的每個角都會用流蘇（zizit）固定，那是由5個雙結所組成的8條繩線。在希伯來文中，每個字母都有一個數值。如果我們把「zizit」的數值相加起來（z＝90，i＝10，z＝90，i＝10，t＝400，總和為600），再加上8條繩線和5個雙結，便會得出613這個數值。猶太教最重要的神聖典籍《妥拉》（Torah），正好有這麼多的戒律。在猶太教中有許多類似這樣的數字遊戲。這方面甚至還有門特殊的學問，稱為「卡巴拉」（Kabbalah）。

猶太教徒的上帝名為耶和華（Jehovah）。虔誠的猶太教徒基於敬畏從不會說出上帝的名諱。在書寫上，他們則會用「JHWH」或「G'tt」，來指稱上帝。

　　「正統派」（orthodox）是猶太教中的一個重要群體。源自希臘文的「orthodox」一詞意為「正統的」、「信奉正教的」。人們可從正統派猶太教徒所穿著的黑色大衣和帽子（就像從前東歐猶太人的穿著），以及他們所留的鬍子和側邊的卷髮，辨識出他們。正統派的女性則會穿著及踝長裙。

以色列的十誡是怎麼來的？

你不可信仰別的神、不可謀殺、不可說謊、不可貪戀別人的妻子……猶太教徒的所有戒律都記載在《妥拉》這部指引之書裡。

在全球具有神聖典籍的宗教中，猶太教是最古老的一種。猶太教所使用的語言則是希伯來文。

讀和寫，可說是人們在學校裡所學最重要的東西。一個人要是看不懂路牌或說明書，他的生活肯定會比較難過。我們或許很難想像，時至今日，在某些國家裡，大部分的人都還不會閱讀和書寫。

對於猶太教徒來說，長久以來，閱讀一直就是宗教的義務。他們最重要的典籍是前文提及的《妥拉》；其字面上的意思就是指引、教導。它講述了世界、人類及以色列民族是如何誕生，以及以色列人如何淪為埃及人的奴隸、如何在摩西（Moses）的帶領下獲得解放、如何得到他們的戒律、如何穿越沙漠遷徙到他們的應許地。在《妥拉》這部神聖典籍中，一共收錄了猶太教徒必須遵守的613項戒律，其中也包括了上帝親自在西奈山（Mount Sinai）授予以色列人的十誡。

在進行禮拜時，猶太教徒會誦讀經文卷軸。有兩個人會握住經文兩邊的軸，第三個人則負責誦讀經文；有時為了避免念錯行，他們還會用一根指揮棒來輔助。《妥拉》會被保存在猶太教堂的櫃子裡。猶太教還有其他的神聖典籍，像是先知的著作、祈禱書、智慧書和講述以色列歷史的史書等等。《塔木德》則是一部評注彙編，它能幫助信徒正確地遵守各種戒律。

人們總喜歡親近自己所看重的事物。某些人會用嘴唇溫柔地親吻一個吉祥物、一個絨毛娃娃、一張思念的人的照片或是那個人的一撮卷髮。虔誠的猶太教徒也會溫柔地呵護

《妥拉》卷軸。也因此，他們有附著長皮帶的小皮匣，也就是所謂的「經文護符匣」（tefillin），裡頭會收藏著《妥拉》的部分章節。在禱告前，他們會先親吻護符匣，接著會用長皮帶把護符匣纏在手掌與下臂上，把頭頂的護符匣纏在額頭上，然後才開始禱告。就連在猶太教徒的家門口，往往也會設置一個所謂的「門框經文盒」（mezuzah），將《妥拉》的部分經文收藏在那個小盒子裡頭。在進入住宅前，人們會先用手觸摸一下那個經文盒，接著再把手放到自己的嘴唇上；一個短暫的、充滿敬愛的吻。

猶太教最重要的戒律叫做「聽吧，以色列」，它的希伯來文就是「Shema Yisrael」。

　　猶太教徒會把猶太教最重要的祈禱文「聽吧，以色列」，寫在經文護符匣與門框經文盒裡，其內容如下：「聽吧，以色列：上帝我們的天主，是唯一的上帝。你當全心、全靈、全力，愛上帝，你的天主。將這些話灌輸給你的子女。無論你坐在家裡，行在路上，或臥或立，都要談論。也要繫在手上為記號，戴在額上為經文；又要寫在你房屋的門框上，並你的城門上。」

正統派猶太教徒在柏林舉行禮拜。

一週7天是猶太教徒發明的嗎？

安息日，也就是星期六，對猶太教徒來說，是一週的第七天，那是一個必須休息與慶祝的日子。

「當紀念安息日，守為聖日」，這是十誡裡的一誡。對於虔誠的猶太教徒來說，在一週的第七天不工作，是條絕對必須遵守的戒律。

一年，也就是從太陽的一個最低點到下一個最低點所經過的時間，大約是12到13個月球週期。一個月球週期，也就是從一個新月到下一個新月所經過的時間，大約是4週。一週有7天。不同於年和月，週的循環完全無法以自然來解釋。不過，對於時間的分配來說，這樣的循環倒是非常實用。

當以色列人在距今2500年前接受這套時間分配的模式時，他們相信，造物主本身在一週之內創造了這個世界。上帝在第六天造好了這個世界，在第七天，也就是在星期六或「安息日」（shabbat）休息；並非是在星期日，對於猶太教徒來說，星期日是一週的第一天。

對於猶太教徒而言，一天不是始於早晨，也不是始於半夜，而是從太陽下山後的夜晚開始。所以他們的安息日是從週五晚間就展開。在安息日開始的不久前，每個猶太教家庭的母親都會點上安息日蠟燭。一旦安息日開始，人們就不能再去生火，因為生火就是在工作。這時工作是嚴格禁止的，根據猶太教的想法，造物主本身也在安息日休息。工作禁令在猶太文化中是非常嚴格的戒律。人們不許在安息日裡撐傘，這會讓人聯想到搭帳棚，讓人聯想到「工作」。人們也不能操作電梯開關，因為在兩個電子觸點間可能會冒出火花，此舉類似於「生火」，同樣也算是在「工作」。

在安息日晚間，全家人會一起圍坐在以節慶的方式布置的餐桌旁享用晚餐，共同吟唱安息日詩歌、誦讀《妥拉》。

宗教怎麼來的？為什麼人會相信看不見的神？寫給所有人的宗教入門書

根據猶太教徒的想法，創世與「差異」及「區別」很有關係。差別賦予了生命色彩，讓人們得以正確地識別事物。

在猶太教徒看來，上帝是如何創造這個世界？

如果一位園丁要開闢一座花園，他得劃掉許多灌木叢。他會留下某些果樹，其他的則連根拔起。接著他會整理好草坪和苗圃。他會經常清除雜草，好讓他所種植的植物生長良好。如果這位園丁希望這座花園從春天到秋天都能花團錦簇、多采多姿，此外還能盡可能多收穫一些水果和蔬菜，他就必須區分收成植物和園藝植物、農作物和雜草、春季的花朵和秋季的花朵。

　　正如園丁開闢花園，誠如《妥拉》所述，創世的情況也是一樣。上帝，也就是造物主，把光和暗分開，把天上的水和地下的水分開，把陸地和海洋分開。只因上帝區分了事物，它們才變得可識別、可辨別。只因上帝將它們分開，它們才得以存在。在猶太教裡，事物彼此區分開來，從而變得可以明顯識別，這點是很重要的。我們之所以會把平日視為平日，無非是因為存在著節日。同樣的道理也適用在男人和女人、大人和小孩、死者和生者、純潔者和不純潔者、猶太教徒和異教徒等等。差異既已存在，根據猶太教徒的想法，人們理應也在宗教裡賦予它們某種意義。

　　如果人們否認、甚至廢除所有的區別和差異，一切都將變得晦暗不清，生命將變得很無聊。在差異完全消失之處，人們什麼也無法識別。在這種情況下，事物對於一個人來說將不復存在。

《妥拉》裡提到：上帝根據祂自己的形象創造了人類。

從前我們全是素食者嗎？

猶太教徒只能吃所謂的「潔食」，希伯來文稱之為「kosher」。

猶太教徒不能肆無忌憚地食用所有的肉。這讓他們想起遠古時期，當時完全禁止為進食而殺戮。

長久以來，猶太教徒就不允許食用任何肉類。這讓他們想起，如他們所相信的那樣，從前人類一度只能以植物為食。

青蛙吃昆蟲，鸛吃青蛙。當鸛死了，蛆蟲又會把牠吃掉。一種動物吃另一種動物。生物學家表示，一直以來，情況便是如此。然而，猶太教的神聖典籍《妥拉》卻不是這麼說。根據《妥拉》，在上帝創造了地球後，祂只給人類、陸上動物和鳥類綠色植物做為食物。當時還沒有食肉動物。

生物學家的觀點在科學上是正確的，但《妥拉》所講述的故事卻也發人深省。根據這樣的故事，一個沒有獵殺的世界是可以想像的。這是天真嗎？可以肯定的是，如果人們想要學著以尊重的態度去對待動物，這樣的觀點倒是沒有什麼壞處。

根據《妥拉》所述，在創世經過了10個世代後，儘管有許多嚴格的戒律，這個世界卻還是充滿了惡行。於是上帝降下了一場大洪水做為懲罰。只有挪亞及其家人和所有動物的其中一對，在這場災難中倖存。在那之後，上帝才允許吃肉。

只不過，猶太教徒還是會去區分允許吃的肉和禁止吃的肉、潔淨的肉和不潔淨的肉。在陸上動物中，唯有會反芻的偶蹄動物才被認為是潔淨的，才是可食用的，例如牛、綿羊、山羊和野鹿。豬雖然也是偶蹄動物，但卻不會反芻，被認為特別不潔淨。不潔淨的還有無鱗的魚和猛禽及昆蟲。至於有鱗的魚、雞和鴿子則是可以食用的，因為牠們也是屬於潔淨的。

有時動物會在被屠宰前發出淒厲的叫聲。
牠們會用盡所有的力氣，全心全意地抵禦
威脅其生命的死亡。

為何猶太教徒要將奶和肉分開？

當動物受苦，人類也會感同身受。人類大抵可以想像，動物
們此時的處境會是如何。由於人類具有同情的能力，所以大
多數的人相信動物其實也具有心靈。他們曉得，屠宰基
本上不是件好事。然而，肉是那麼地可口。儘管如此，
我們人類還是要對動物的心靈有起碼的尊重。

死者會失去其色彩，而且會變得冰冷。色彩與
溫暖是由血所促成。猶太教徒相信，每個人和每隻
動物的心靈或生命力就隱藏在他們的血液裡。也因
此，猶太教徒是不准食血的。在屠宰牲口時，必須
將牲口的血液放乾，這代表必須讓血液從頸動脈完

放血活宰牲口在德國
是被禁止的，因為這樣
會讓動物更長時間受
苦。猶太屠夫則例外獲
得許可。

全流出。為了確保所有的血液都被從肉裡抽出，人們會用清
水沖洗肉，用鹽塗抹在肉上。鹽會從肉裡析出殘餘的血液，
之後人們再徹底地將其清除。

不過，這還不是全部。根據《妥拉》所述，人們不能把
羔羊放入其母的羊奶裡烹煮。唯有當奶和肉極為嚴格地分
開，這樣的飲食才能算得上「潔淨」。用奶油醬汁去烤牛肉，
這是絕對禁止的！不僅如此，更不能在同一個房間裡處理奶
和肉。為此，人們需要兩個廚房，還有兩套廚具和餐具。也
因此，虔誠的猶太教徒只會在家裡煮魚吃，如果想要吃
肉，就會去某家潔淨的餐廳。在吃了肉之後，至少必須
經過3個小時，才能再攝取奶製品。

在攝取了奶製品
後，至少要過半
小時才能再吃肉。

為何猶太教的男孩得要行割禮？

當兩個國家的政治人物相互結盟，他們會簽訂一份契約。猶太人也有一份與上帝的契約；而且他們還有提醒他們這份契約的象徵。

契約規範著我們的生活。當人們達成協議，他們就會締結一份契約。有婚姻的契約，也有政治的契約。大部分的契約都是買賣契約。就連在超級市場，我們也會收到證明我們買了什麼而非偷了什麼的付款單，這種書面的小單據同樣也是某種契約。

根據猶太人的信念，上帝與猶太人之間同樣也存在著某種契約、某種連結。它確定了上帝選擇猶太人為祂的民族，猶太人必須遵守上帝的戒律。猶太人會以3種方式來表示自己遵守這份契約：他們會在安息日休息和慶祝，在每次禱告時在身上綁上禱告帶，還會讓自己的兒子行割禮。

這份盟約最重要的象徵便是割禮。即使猶太人並非總是遵守所有的戒律，有項戒律他們倒總是會奉行，那就是：在所有的男孩出生8天後便割去他們的包皮。

第一位行割禮的人是亞伯拉罕的兒子以撒，在出生後的第八天行了割禮。

那是非常疼痛的。我們不禁要問：如果這是上帝所要的，為何祂在創造男人時不乾脆就別創造包皮算了？猶太人的答案是：上帝讓人類自己去決定，是否讓自己和自己的後代可被認出是猶太人。但被認出是猶太人可能會是危險的。從古至今，猶太人經常遭到迫害，行割禮者很容易被察覺出身分。然而，這樣的象徵不僅可以提醒猶太人他們自己與上帝的盟約，也能顯示自己確實遵守了這項盟約。

　宗教怎麼來的？為什麼人會相信看不見的神？寫給所有人的宗教入門書

一個人成年之後，就享有成年人的權利、負有成年人的義務。成年的猶太人必須像個成年人那樣禱告。這時他們也算是「完全」的教區成員。

猶太人從何時起算是成年？

沒有人會在一夕之間長大成人。儘管如此，人們還是得要規定一個時間，從何時起某人不再算是小孩。在猶太文化中有個特別清楚的界線。猶太女孩過了12歲生日後，她就算是成年，至於猶太男孩，則是在過了13歲生日後。從成年起，男孩子每天都得綁上「經文護符匣」進行禱告，而且還得披上禱告披肩。男孩和女孩成年後都得遵守《妥拉》的全部戒律。男孩這時成了「bar mitzvah」（守戒的兒子），女孩這時則成了「bat mitzvah」（守戒的女兒）。

在猶太文化中，男孩的成年禮稱為「bar mitzvah」，女孩的成年禮稱為「bat mitzvah」。

　　對於虔誠的猶太人來說，跨入成年的這一步十分重要。畢竟，成年人得要上猶太教堂和一個至少10人的團體一同禱告。這樣一個祈禱團體稱為祈禱班（minyan）；從成年那天起，成年的男孩和女孩就算是「完全」的教區成員。

　　當祈禱班在男孩或女孩成年的大日子會聚於猶太教堂時，男孩或女孩必須首次誦讀《妥拉》，並且用希伯來語；這當然得要練習，男孩和女孩會請拉比幫忙為成年禮做準備。在做完禮拜後，還會有一場飲宴，要不就是和教區成員一起在猶太教堂裡舉行，或者和家人去某家餐廳。

猶太婚禮
如何舉行？

猶太教是種非常重感情的宗教。幾乎沒有什麼婚禮如傳統猶太婚禮那般喜悅，也幾乎沒有什麼葬禮如傳統猶太葬禮那樣悲傷。

在新婚之夜，新郎會在一個大型罩篷下為新娘覆蓋面紗，將戒指套在新娘的手指上。有位拉比會宣讀婚姻誓約，在這個誓約中，男性有義務在自己死亡或與妻子離婚時，為對方留下一大筆金錢。在完成對新人的祝福後，新人會共飲一杯，新郎則會隨即將杯子摔碎；此舉是在提醒他們，莫忘古耶路撒冷神殿的毀壞。

當一個猶太人死去，家屬會誦讀古祈禱文《詩篇》。他們不會去觸碰垂死的人，正如他們不會去觸碰一根奄奄一息的蠟燭，這樣就不會讓蠟燭提早熄滅。當靈魂離開身體時，他們會打開所有的窗戶，並且在死者頭部的旁邊點上蠟燭。螢幕和鏡子得要遮蓋起來，花瓶裡的水則要倒掉；總之，不能有任何會映照生者影像的東西。就在同一天，死者會被裹上一塊亞麻布安葬。在墓園裡，人們會誦讀〈神聖祈禱〉（Kaddish），這是最重要的猶太祈禱文之一。

在葬禮上，猶太教徒會誦詠〈神聖祈禱〉，這是最重要的猶太祈禱文之一。

對死者的哀悼會持續30天，在那之後便會立起一塊墓碑。前來憑弔死者的人會將一隻手放在墓碑上。每根手指有3個指節，一隻手共有15個指節，這個數目與希伯來文祝詞的字數一樣：「你的死將重生，屍體會再度復活。因為你所送的露水是光的露水；大地交出死者。」前來憑弔死者的人還會在墓碑上放一塊石頭，有別於花朵，它們不會枯萎。

搬到戶外，在外頭住在一個木屋裡，這會令人聯想到露營，令人聯想到某種素樸的生活方式。不過，對於猶太人來說，此舉的意義卻不單單只有這樣。

為何猶太人會於秋季時在陽台上搭個小屋？

如果要過一個露營假期，人們多半都只會帶上最需要的一些東西。一個人如果限縮自己的需求，他就會發現，維持生計其實不需要太多的東西。

在逃出埃及後，摩西帶領以色列民族在沙漠中流浪了40年。住棚節便是要紀念那段歷史。

　　每年一度，猶太人都會用木架和樹枝搭個小屋。在秋季的**住棚節**（Sukkot）期間（9月或10月），他們不會住在自己的房子裡，而是待在這些搭蓋在陽台或花園裡的露天小屋中。在為期一週的住棚節裡，若是沒有剛好下雨的話，他們會在小屋裡吃飯、睡覺。在德國，人們在小屋裡吃過早餐後，得去上班或上學；不過，在以色列，卻是有住棚節假期。以色列民族在逃出埃及後，曾在沙漠中流浪了40年，最終只有少數人挺了過來，住棚節正是為了紀念那段歷史。

　　人們會把4種植物的枝條帶進小屋裡。每種植物分別代表猶太人的某種特質。氣味芬芳且果實可口的「香橼」，其枝條代表對《妥拉》頗有鑽研且嚴守戒律的人。沒有氣味但果實可口的「棗椰樹」，其枝條代表對《妥拉》幾乎沒有研究，但卻嚴守戒律的人。氣味芬芳但沒有果實的「香桃木」，其枝條代表閱讀《妥拉》，但卻不守戒律的人。沒有氣味也沒有果實的「柳樹」，其枝條則代表既不研讀《妥拉》，也不遵守戒律的人。所有的枝條會被綁成一束，表明每個猶太人都應相互扶持，無論他們虔誠與否。

猶太人在哭牆邊哭訴些什麼？

德文中的「Mischpoke」(家人)、「Ganove」(小偷)和「meschugge」(瘋癲的)等詞彙有何共同點呢？它們都源自於一個幾近滅亡的語言：意第緒語。

意第緒語(Yiddish)是種混合了德語、希伯來語、波蘭語和俄語的語言。在第二次世界大戰前，意第緒語曾是東歐數百萬猶太人的母語。令人遺憾的是，在1940到1945年期間，他們絕大多數都慘遭納粹黨人殺害。時至今日，僅剩少數的人還說著意第緒語。

從意第緒語的命運我們不難看出，猶太人經歷過怎樣的苦難。納粹所發動的大屠殺，可說是施加在猶太人身上最嚴重的犯行。如今人們會在每年4、5月的「大屠殺紀念日」(Holocaust Memorial Day；希伯來文為Yom Ha'Shoah)紀念這段悲慘的歷史。

許多猶太人會把祈願紙條塞進哭牆的縫隙裡。

除此之外，在歷史的進程中，猶太人還蒙受了不少災難。7月或8月的「聖殿被毀日」(Tisha B'Av)[1]，紀念的是猶太人在中古世紀時所遭受的迫害，以及耶路撒冷的猶太聖殿兩度被毀。聖殿的牆基(如今稱為「哭牆」〔Wailing Wall〕)位於耶路撒冷的老城裡，每天都會有成千上萬的猶太人湧向那裡。他們多半都是去那裡做個人的禱告，只有少數人會去那裡哭訴。

猶太人在他們的歷史上經常遭受迫害。普珥節便是為了紀念波斯帝國大臣哈曼迫害猶太人的那段歷史。

1 編注：猶太教徒會在這天進行一年一度的禁食，紀念耶路撒冷第一聖殿和第二聖殿被毀。

2 編注：普珥節是慶祝波斯帝國時期猶太人免於滅族的節日。猶太人在這天也會吃一種三角點心，叫做「哈曼之耳」。哈曼是打算殺死所有猶太人的波斯大臣，吃這種點心以示對他的報復。

實際上，猶太人有許多理由哭訴，但猶太教是一種快樂的宗教。另一個紀念日：**普珥節**(Purim)[2]，則是紀念波斯大臣哈曼(Haman)意圖滅絕猶太民族的那段歷史。所幸，波斯國王亞哈隨魯(Achashverosh)愛上了猶太女性以斯帖(Esther)，這場恐怖的屠殺計畫才遭到阻止。紀念時，人們會朗讀以斯帖、亞哈隨魯和哈曼

的故事。每當提到惡人哈曼的名字，人們便發出啪嗒啪嗒的噪音。為何如此悲慘的場合會營造歡樂的氣氛呢？某些猶太人表示，回首那些生存遭受威脅的過往是如此地可怕，以致人們只能在歡樂的節慶中承受它們。

光明節的慶祝相當隆重。兒童會玩光明節陀螺遊戲，人們會拜訪親戚；是個如假包換的家族節慶。

　　猶太教並非只會遭受外敵危害。在承平時期，如果猶太人與非猶太人之間的區別消失，同樣也會造成危險。因為，在這種情況下，猶太教將不復存在。冬季裡的一個節慶：光明節（Hanukkah），所要紀念的是另一種威脅。大約在距今2300年前，希臘人統治著以色列，他們希望猶太人能過和他們一樣的生活，在聖殿裡慶祝希臘人的節慶。猶太人成功地抵抗了希臘人的同化企圖。然而，當他們總算又能在聖殿裡慶祝猶太人的節慶時，他們卻無油可以點燈。就在這時，一個奇蹟發生了。

少許的燈油居然維持了8天之久。

　　時至今日，猶太人會在12月的光明節時將9枝燭台置於窗台上，藉以紀念這個奇蹟。他們會用第9根蠟燭逐一點燃燭台上的其他8根蠟燭。如此一來，所有的人都能在街上看見：猶太教依然生氣勃勃。

在法蘭克福機場的禱告室裡舉行的一場光明節慶祝儀式（中間站著的是一位伊瑪目，右邊則是一位福音派的女牧師）。

逾越節所要紀念的是什麼？

猶太教是種紀念的宗教。沒有哪個節慶像逾越節那樣被記得如此清楚；這個節慶多半是在4月舉行，大約就是復活節那個時候。

在逾越節時，猶太人會講述摩西如何帶領以色列民族從埃及人的奴役中獲得自由的故事。

逾越節也稱為「無酵餅節」。

人們通常都會用酵母或發酵麵團烘焙麵包。發酵麵團很費功夫，因為麵團必須總是保持溫暖。加入酸的脫脂乳則必須攪拌，以免凝結。匆忙的人沒有閒工夫做這樣的事。

猶太人的逾越節（Passover）是禁止發酵麵團的。這天所要紀念的是3500年前，以色列民族匆忙逃出埃及的那段歷史。當時，以色列人的領袖摩西帶領以色列人擺脫奴役走向自由——但卻也同時走入了讓他們陷於困境的沙漠。逃出埃及是一項冒險的舉動，這需要對上帝有強烈的信仰。

在逾越節之前，人們必須先將所有和發酵麵團接觸過的東西移走。猶太人會吃「無酵餅」（matzo）過逾越節，那是一種口感薄脆的麵包片。

這個節慶最美妙的部分是第一個夜晚：「逾越節家宴」（seder）。逾越節家宴的夜晚有固定的流程。人們會講述以色列民族擺脫埃及人奴役的故事，還會利用一些符號來表示。桌上會有一籃無酵餅。一碗鹽水，用來紀念穿越鹽漠的行列。一根骨頭，用來代表上帝用來解放以色列人的「強壯手臂」（誠如《妥拉》所述）。一顆蛋，象徵著民族的力量；蛋在遭烹煮時會變硬，當猶太人受苦難煎熬時也會變得堅強。一碗由堅果、蘋果、棗子、葡萄乾、紅酒和香料做成的粥，象徵著以色列人當時在埃及壓制黏土磚的黏土。至於辣根，則是象徵著以色列人所飽嘗的苦難。

在另一個節日裡，猶太人會問自己：「我在哪裡犯下了什麼罪過？」他們會在贖罪日懺悔自己一整年來所犯下的過錯。

當人們穿著自己最棒的節慶服裝，腳底下卻踩著一雙運動鞋，這看起來肯定會有點彆扭，但有時卻不得不如此，好比每年9月、10月時的猶太「贖罪日」（Yom Kippur）。這是十分崇高的一個猶太節日，一個懺悔的日子。人們得要請求上帝和他人原諒自己在過去一年所犯下的一切過錯。是的，在這個節日裡，人們可以穿上自己最好的衣物。唯獨有一樣是不允許的，那就是：皮鞋。因為這會讓人想到為了取得製鞋所需的皮革，有隻動物慘遭屠宰和剝皮。這種殘忍的記憶不適合這個贖罪的日子。畢竟，人們還是可以改穿用橡膠或布料所製成的鞋子，像是運動鞋。

從前，到了贖罪日的時候，人們在以色列會送隻公山羊到沙漠裡。那隻公山羊得要帶走整個民族的罪過，也就是所謂的「替罪羊」。

　　為真正的節日所做的那些準備其實相當重要。在節日的前一天，人們得先飽餐一頓。因為贖罪日是禁食日，所以人們一整天都不能吃東西。在宴會結束後，虔誠的猶太人會誦讀懺悔禱告文，內容大致是這樣的：「我們犯下了許多的罪過，我們變得無信無義。」接著人們會清洗自己，在所謂的「浸禮池」裡洗去自己的罪過。

　　在贖罪日當天是不允許清洗的。人們在起床後就得立刻換上高貴的服裝及球鞋。然後全家一起上猶太教堂。人們會在那裡歌唱、禱告，還會吹響羊角號（shofar），那是用公羊的角所做成，吹奏出的聲音有點像喇叭。

1973年，以色列的敵人趁著贖罪日的節慶氣氛，對以色列發動攻擊。以色列人起初一度險些在這場所謂的「贖罪日戰爭」中吃下敗仗。

以色列是個猶太人的國家嗎？

「明年在耶路撒冷見！」這是逾越節之際，猶太人道別時的問候。在還沒有如今以色列這個國家時，人們其實是半開玩笑地說出這樣的話。時至今日，情況已截然不同。

從1948年起，這個介於地中海與約旦河之間國家，大部分的國民都是猶太人。他們建立了一個富裕、民主的國家——以色列，其首都則是耶路撒冷。他們以《妥拉》的用語希伯來語，做為日常生活的語言。這一整個民族復興了一門古老的語言。這樣的情況可說是前所未有；就好比，如今所有的義大利人全都改用拉丁語來說話。

以色列的人口約為700萬人，其中有四分之三都是猶太人。

第二次世界大戰期間的猶太種族大屠殺，讓大多數的猶太人意識到，必須要有個他們可以避禍的國家。他們也都明白，那裡必須是「Eretz Jisrael」（以色列地）。當時，已有許多猶太人居住在巴勒斯坦（Palestine），誠如那塊地當時的名稱，那裡的許多地帶當時都沒有人煙。儘管如此，與居住在當地的阿拉伯人還是發生了衝突。在與諸阿拉伯鄰邦的幾場戰爭中，以色列人驅逐了數以百萬計的巴勒斯坦人。直到今日，那裡還是衝突與戰爭不斷。

許多猶太人希望，以色列是個猶太人的國家。不過，大多數的猶太人卻表示，以色列是個猶太人的非宗教國家。同樣也有信奉伊斯蘭教與基督教的以色列人，他們在法律上享有平等的權利；即使他們在日常生活中經常處於劣勢。

許多猶太人都盼望，若是有朝一日所有的猶太人都住在以色列，而且嚴格奉行著《妥拉》的戒律，屆時「彌賽亞」（messiah）帶給以色列和平與正義的王，能夠到來。

4

基督教
Das Christentum

基督徒真的只相信一位神嗎？

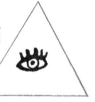

當基督徒受洗時，這樣的舉動總是「以聖父、聖子、聖靈之名」為之。基督徒認為，上帝是「三位一體」。這是什麼意思呢？

在每個信仰表白中，基督徒都會說，他們相信聖父、聖子與聖靈。

基督徒認為，上帝是獨一的，但祂同時具有3個位格。上帝既是聖父、聖子，也是聖靈。問題是，一個父親如何能夠同時是自己的兒子呢？聖靈又如何能是聖父或聖子呢？猶太教徒與穆斯林批評，這根本是匪夷所思、無法理解。許多人懷疑，基督徒所信的根本是3個神明。

基督徒相信「三位一體」（Trinity）。對他們來說，這代表著人們可以用3種不同的方式談論同一個神。當基督徒提到神，萬物之父，他們所指的是：神創造了這個世界，這個世界由神來統治，而非盲目的命運或偶然，世上所發生的一切全都是有意義的。

當基督徒提到神，聖子，他們所指的是：人們可以從拿撒勒（Nazareth）的耶穌看出神是怎麼樣。因為對於基督徒來說，耶穌曾是個人，他被錯誤地判刑與殺害。另一方面，他卻同時是神。神本身蒙受了不公，遭受了巨大的苦難。神也因此變得與所有極度受苦的人一樣。基督徒認為，這樣的信念可以賦予一個人勇氣。

當基督徒提到神，聖靈，他們所指的是：神在世界各地驅使人們要勇敢、要承受苦難。舉例來說，一個人若是因自己的信仰而被捕，相信神的聖靈可以讓他再度振作起來，讓他變得堅強。因為他能透過聖靈與其他的基督徒相互連結。

許多人都認為，當一個好人好過相信特定的事物。儘管如此，信仰對於基督徒來說卻極其重要。

對於基督徒來說，是相信上帝重要、還是行善重要？

一個人相信什麼難道真的無所謂，只要他的行為端正就好？對基督徒而言，「信仰」是一個人能夠當個好人的前提。他們認為，一個人若是沒有堅定的信仰，在道德的問題上就會靠不住。道德很重要，但信仰卻更重要。為何基督徒會這麼認為呢？我們不妨借助一個例子來說明一下。假若某人之所以行善，無非只是因為他人對他有所期待，他或許就會認為：只要不為人知，我就可以做壞事。相反地，基督徒卻認為：一個人若是真正發自信念行善，就算沒有別人知道，他也不會偷偷地做壞事；即使是在未受監視下，他也會誠實地行善。

道德告訴我們，什麼是對的行為、什麼是錯的行為。

之所以不認為行善是最重要的，還有一個理由。基督徒並不希望做好人淪為某種競賽，換言之，不希望大家比賽誰才是比較好的人。要是一個人認為，自己的行為比他人的行為更能做為楷模、榜樣，他很快就會流於傲慢，這肯定不會是件好事。因此，基督徒認為，那些做壞事的人甚至可能更接近上帝。舉例來說，某人說了謊，但他事後卻為此感到慚愧、懊悔，在這樣的狀態下，一個人絕對不會傲慢、自滿。尤其是，如果他還考慮到自己該如何彌補這樣的過錯。當他坦承自己說謊的行為，請求他人的原諒，他的信仰必定會變得更強。基督徒也認為，拉近信徒與上帝的距離的，不是信徒的善行，而是他們的信仰。

沒有其他宗教像基督教這樣如此看重信仰問題。

基督徒如何看待《聖經舊約》？

《聖經》由《舊約》與《新約》所構成。《舊約》則包含了猶太教徒的某些神聖典籍的內容。

在《聖經》的第一個部分，也就是在《聖經舊約》裡，有著與猶太教徒的神聖典籍同樣的內容。不過，基督徒卻認為，隨著《聖經新約》所述的耶穌基督的出現，上帝更新了信仰內容。

德國有位詞曲創作者曾經寫道：「唯有改變自己的人保持忠貞。」他認為，在不斷變化的時代裡，人們必須不斷改變自己和自己的行為，才能不背叛自己的理念。

如果基督徒恪守《聖經》的第一個部分，也就是《舊約》所記載的內容，他們恐怕就得像猶太教徒那樣過活。他們的安息日就會變成是星期六。他們只能吃潔淨的食物。他們必須在兒子出生8天後讓孩子行割禮。這些全是出自《舊約》，亦即猶太教徒及基督徒共同的神聖典籍。儘管如此，基督徒卻完全沒有遵守這些戒律；儘管他們宣稱《聖經》對他們同樣也有約束力。

根據《新約》所述，耶穌本身其實並未嚴格遵守所有的戒律，他在安息日工作，醫治病人。對此，耶穌曾說：「安息日是為人設立的，人不是為安息日設立的。」

對猶太教徒來說，宗教儀式有助於一個人成為好人。這種想法對於基督徒卻是十分陌生。在他們看來，《舊約》的故事和禱告很重要，至於它裡頭的儀式、戒律則否。

無論如何，基督徒相信，他們的宗教是古代猶太教的某種歷史續集，一種有別於現代猶太教的歷史續集；遵循著前已提及的座右銘：唯有改變自己的人保持忠貞！

一個女人將嬰兒抱在一個水盆上。一位教士在嬰兒頭上澆了3次水，接著說道：「我以聖父、聖子及聖靈之名為你施洗。」

如何才能成為基督徒？

為了紀念洗禮，天主教教堂的入口處都會設置一個小的聖水盆。準備進入教堂的人得先將手指放入水盆中，接著再用手指畫個十字。

洗禮的歷史比基督教本身的歷史還要久。率先施行洗禮的，是一位猶太先知，施洗約翰（John the Baptist）。他對當時人們的生活方式多有批評。他必然對此感觸良深。施洗約翰曾經表示，人們應該改善自己的生活；做為象徵，他們應該在約旦河中沐浴。就連拿撒勒的耶穌也曾受過施洗約翰的施洗。首批的基督徒繼受了洗禮這樣的儀式，藉以接受新成員進入他們的教團。

洗禮從一開始對於基督徒來說就是一項重要的象徵。進行時，教士會做些什麼，還會說些與此有關的話。拉丁文稱之為「sacramentum」（聖事或聖禮），希臘文則稱作「mysterium」（奧蹟），也就是某些人們無法百分之百解釋清楚的事情。

基督徒只會接受一次洗禮。但洗禮卻代表著總是可以重做的那些事情。舉例來說，一個人做了壞事，但他後來卻改過向善。洗禮代表著，每個人隨時都能重頭開始。某些父母認為，受洗可以保護孩子免受邪惡的侵害，因此讓自己的孩子受洗。唯有當教士說出，「以聖父、聖子及聖靈之名」，洗禮才算有效。受洗者從這時起便皈依三位一體的上帝。由於嬰兒無法表達自己是否確實感到這樣的歸屬，人們會在日後補行。到了大約14歲的時候，嬰兒時期受洗過的人可以確認自己的基督信仰。這項確認的儀式則稱為「堅振聖事」或「堅信禮」。

誰是拿撒勒的耶穌？

耶穌是個非常虔誠的猶太人。他告訴世人：天國近了。他接納被猶太民族所鄙視的人，像是妓女、小偷和騙子等等。

耶穌生於西元元年；我們的紀年便是從那時起算。2010年大約就是耶穌出生後2010年。

耶穌其實是拿撒勒的某個工匠的兒子。當時的拿撒勒是個由大約50戶居民所組成的村莊，位於現今以色列北部的一個岩坡上。耶穌可能是在將近30歲的時候成為施洗約翰的弟子。後來，他自己則以導師及奇蹟治療師的身分穿梭於許多村落，進而也有了自己的弟子。

這個世界在理想的情況下該有怎樣的面貌呢？對於陷於貧苦的人來說，完美的世界是一個不虞匱乏的世界；對於身處專制統治的人來說，完美的世界是一個能夠自由自在地生活的世界。在耶穌所身處的那個時代裡，人們所盼望的則是一個沒有壓迫與剝削的世界。耶穌走過許多村落，治癒了許多罹患疑難雜症的病人。他向世人宣告了一項信息：上帝的國度，一個沒有不公不義、沒有戰爭、沒有壓迫的世界，就要來臨。人們隨處可見這個國度的徵兆。耶穌甚至還表示：神的國就在你們心裡。

如今猶太教徒認為，耶穌顯然搞錯了；畢竟，這個世界依然還是問題重重。儘管如此，基督徒卻認為，耶穌所散布的信息是對的。他們相信，上帝的國度已從耶穌開始；此外，人們應該看看周遭的好事，不應只注意那些壞事。

耶穌非常照顧社會的邊緣人。

他曾強調，沒有人壞到不該再給他任何機會。那些幡然悔悟的罪犯，往往比自以為了不起的超級虔信者更接近上帝。

耶穌還教導世人，人們只須相信和信任。他曾表示：「你們看那天上的飛鳥，也不種，也不收，也不積蓄在倉裡，你們的天父尚且養活他。」

耶穌的弟子認為他是最好的人。對他們來說，耶穌就是神的兒子。

只有極少數基督徒能夠完全像鳥兒那樣無憂無慮地活著。儘管如此，他們卻認為，耶穌表明了信任上帝有多麼重要，相信多麼重要。

根據《新約》所述，耶穌與其男女弟子們同行的時間大約只有一年。接著，他就在拜訪耶路撒冷期間遭到逮捕與殺害。他被控的罪名是煽動人們反叛當時統治以色列的羅馬人。耶穌遭到處決震驚了他的門徒。對他們來說，耶穌是個無辜的受害者，是這個世上最好的人。

在耶穌遭到處決幾天後，他的弟子全都宣稱，耶穌死而復活。至今人們還是無法想像，當時到底發生了什麼事。無論如何，在耶穌死後，他的弟子們又重新振作了起來。他們全都滿懷勇氣、活力和喜悅，繼續將耶穌所要傳遞的信息散布給全世界。

《聖經》中耶穌誕生的故事；圖為所謂的馬槽聖景（nativity scene）。

什麼是基督教的聖誕節？

每年12月，基督徒都會慶祝耶穌的誕辰。聖誕節是個家庭節慶。此正與神聖家庭相符：嬰兒耶穌和父母約瑟夫及瑪利亞。

基督徒稱耶穌為**基督**，受膏油的王；希伯來文則稱之為**彌賽亞**。

根據《聖經》所述，耶穌是在伯利恆（Bethlehem）誕生為一對貧窮父母的小孩。以色列著名國王大衛王（David），早了耶穌一千年，同樣也在那裡出生。曾有人說，有朝一日，會有一位像大衛王這樣的人歸來。對於基督徒來說，耶穌就是新的大衛王。也因此，他們稱呼他**彌賽亞**（希伯來文）或**基督**（希臘文），亦即受膏者；因為當時國王在登基時會被塗抹膏油。

聖誕節與猶太人的光明節差不多是同樣的時間。大多數的基督徒都會在12月25日，甚至在前一天晚間，也就是所謂的「聖誕夜」，慶祝這個節日。耶路撒冷、俄國和塞爾維亞那裡的東正教教會遵循著一套舊的曆法，它比我們一般所用的曆法晚了大約兩週，因此他們的聖誕節是落在1月7日。

基督徒會在聖誕夜裡到教堂做禮拜。他們會在陰暗的教堂裡點蠟燭，唱聖誕頌歌，聆聽聖誕故事。有時還會將耶穌誕生時的情景演成話劇。做完禮拜後，他們會與家人一起慶祝。人們會互相贈送禮物。在基督徒眼中，神化身為耶穌降生在這世上，這件事本身就是最大的禮物。

聖誕樹、薑餅和聖誕老人並非屬於這個節慶的基督教部分，它們只是歐美的風俗。

　宗教怎麼來的？為什麼人會相信看不見的神？寫給所有人的宗教入門書

基督徒會在他們的信仰表白中表示：「我相信耶穌基督，他是由處女瑪利亞所生。」瑪利亞在懷孕前難道真的沒有過性行為嗎？

根據基督教的教義，耶穌的母親瑪利亞是以處女生子的狀態產下耶穌。這意謂著，她雖然懷了孕，但卻未曾與某個男子有過性行為。人們怎麼會想出這樣的事情呢？

處女生子的概念其實比基督教的歷史更為久遠。在遠古的一些關於神胎的故事中，我們都能找到這樣的概念。根據那些故事，神可以在沒有性行為的情況下造出人。從科學的角度來看，這種想法可說相當奇怪。儘管如此，一直以來，倒是激發了人們的想像力。對基督徒來說（對穆斯林亦然），這種想法給人一種印象：瑪利亞對上帝有著強烈的信仰；可說是對上帝懷抱著某種精神上的愛情關係。耶穌的特殊性必然有某種出處。

因此，對於早期的基督徒而言，瑪利亞是非常重要的。在《新約》末尾的核心部分裡，瑪利亞被描述成天上女王，幾乎就是一個女神。在天主教徒與東正教徒眼中，瑪利亞與上帝具有某種特殊的關係。他們相信，在向上帝禱告時，她會伸出援手。例如《聖母經》裡便提到：「求妳現在及我們臨終時，為我們罪人祈求天主。」人們在陷於危難時會請求聖母瑪利亞相助。

某些天主教徒甚至相信，自己遇見了聖母瑪利亞。像是在法國的盧爾德（Lourdes）、葡萄牙的花地瑪（Fátima）和德國薩爾州（Saarland）的馬爾平根（Marpingen）等地，聖母瑪利亞都曾現身於當地村民面前。這些地方如今也都成為許多天主教徒前往朝聖的著名朝聖地。

在天主教與東正教的教堂裡，人們會見到許多聖母瑪利亞的聖像。有瑪利亞與嬰兒耶穌的聖像，有瑪利亞懷抱死去的耶穌的聖像，也有瑪利亞做為天上女王的聖像。

基督徒必然
愛好和平嗎？

愛你的敵人！這是耶穌所要求的。許多人都認為這項戒律很天真。他們認為，在現實生活中，完全不是這麼回事。

基督教是唯一要求人們要去愛自己的敵人的宗教。

迪特里希・潘霍華（Dietrich Bonhoeffer, 1906-1945）有個疑問。基本上，這位牧師暨反抗運動鬥士拒絕所有形式的暴力。他想遵守耶穌的愛敵人戒律。問題是，他的敵人是納粹獨裁者阿道夫・希特勒（Adolf Hitler）。人們無法只憑和平的手段去應付希特勒這樣的敵人。人們必須以暴力的方式去阻止他。唯有如此，也才能解救千千萬萬人的性命。在這樣的情況下，愛敵人的戒律還能起作用嗎？

由於這樣的考量，至今仍有許多基督徒認為愛敵人的戒律十分令人為難。因為，每當遇到非得以暴力的方式才能阻止某些暴力或不義的情況時，人們就會面臨一個很大的難題。

迪特里希・潘霍華必然也看清了這一點。他表示，雖然殺人是很糟的事，然而，不殺希特勒，不阻止他繼續為非作歹，卻是更糟的事。潘霍華牧師參與了一場刺殺希特勒的行動。這場刺殺行動不幸失敗，潘霍華牧師最終反遭希特勒殺害。

人們是否可以使用暴力去避免更大的傷害？根據舊的基督教教義，基督徒只能在防衛的情況下拿起武器。

時至今日，對於如何才能遵守耶穌的這項教義，在基督徒中眾說紛紜。有些人認為，基督徒可以成為一名士兵，因為他們必須保家衛國，他們不能夠把自己的犧牲精神強加給別人。另有些人認為，基督徒必須拒絕服兵役；若是人人都這麼做，則將再也不會有戰爭！

宗教怎麼來的？為什麼人會相信看不見的神？寫給所有人的宗教入門書

信奉天主教的基督徒有時會求助於某位聖徒，請他幫忙將自己的事情轉達給上帝。

聖徒有什麼重要性？

袍的拉丁文叫做「cappa」。人們根據收藏於巴黎皇宮小教堂裡的聖馬丁的袍子，將所有的小教堂稱作「chapel」。

每年11月11日，主要是在信奉天主教的地區，孩子們會提著燈籠上街遊行。燈籠隊伍的前面往往會有馬匹和騎士引領。那位騎士所代表的是圖爾的聖馬丁（Saint Martin of Tours），他曾在一個寒冷的夜晚裡遇見一名發抖的乞丐，頓生憐憫之心的他，便將自己身上的袍子割下一半贈與對方。

　　圖爾的聖馬丁原本是羅馬軍人，是個很有責任感的人，日後他成為了圖爾（Tours）的主教。他死於距今1600多年前。聖馬丁在基督教中被視為聖徒，是特別親近上帝的人；這也難怪，倘若他真像「割袍贈丐」的故事所述那般樂於助人！

在東正教的教堂裡，聖像稱為「icon」。

　　許多基督徒相信，聖徒能幫他們在上帝面前說些好話。聖徒頗受許多天主教徒與東正教徒的青睞，他們甚至會掛起聖徒像敬拜。

　　虔誠的天主教徒與東正教徒有時也會敬拜聖徒的遺骸或遺留下的衣物。那些東西稱為「聖髑」（relic）。聖馬丁的遺骸存放在圖爾的聖馬丁教堂（Basilica of St. Martin）裡。至於他的袍子，過去曾存放在巴黎皇宮的教堂數個世紀之久，如今則存放於羅浮宮博物館中。過去，在戰時，聖髑就如吉祥物一般會被帶到戰場上，藉以確保勝利。

　　新教徒反對任何形式的聖徒崇拜。他們認為，每個受洗者都是聖潔的。聖潔並非藉由人們所為的善行。唯有上帝可以讓人變得聖潔；而這在受洗時就已經發生。

罪會遺傳嗎？

這種想法聽起來十分奇怪。但基督徒卻相信「原罪」。他們認為，就連小孩也都是罪人。人們怎麼會有這種想法呢？

某個正值青春期的少年在校園裡瘋狂地濫殺無辜。一群11歲的少女折磨一個落單的小女生。一名小學生刺殺他的老師。從幾歲開始，一個人會有意識地、故意地為惡？早在幼兒園時期，就已經有許多老是愛欺負別人的討厭鬼。他們是真的壞，或者只因為他們的父母是個糟糕的榜樣？

我們很難解釋孩子的暴力行為究竟是從何而來。是問題家庭的錯嗎？是學校課業壓力的錯嗎？是那些孩子病了，管不住自己嗎？更難解釋的是，為何有些看起來是「好孩子」的人會去刺激其他孩子，並煽動他們去做些會受到處罰的惡作劇呢？

根據基督教的教義，父母的罪會轉移給子女。

根據傳統的基督教教義，邪惡深深地隱藏在人類身上。人一出生就是個罪人；那些罪代代相傳。罪意謂著人遠離上帝。他們聽不到上帝想要告訴他們的事。他們再也感受不到自己的良心所發出的聲音。基督徒相信，人從出生起就有忽略良心之聲的傾向。

人類身上深藏著原罪（original sin），這樣的教義似乎與拿撒勒的耶穌所散布的正面信息格格不入。因為耶穌教導世人要博愛、要寬恕。不過，我們倒也可以用這樣的方式來理解基督教的原罪教義：由於每個人身上都帶有邪惡，沒有人應該自以為高於其他看似更惡劣的人。

宗教怎麼來的？為什麼人會相信看不見的神？寫給所有人的宗教入門書

罪惡與寬恕，在基督教和猶太教裡都是重要的主題。一個人若能質問自己，反省自己的過錯，將能從中學到更多。

基督徒必須時常告解嗎？

有位少年在某個諮詢網頁上投書，他在信中寫道：「我對我的女朋友說了謊。現在我再也不敢看著她的眼睛。我很害怕，萬一我對她說實話，我就會失去她。我該如何是好？」心理醫生的回答是：「你必須對你的女朋友說實話。你這麼做，當然得要冒著她可能會離開你的風險。不過，萬一她輾轉得知你對她說了謊，情況恐怕會更糟。」

一個人若是欺騙了別人，他往往會感到良心不安。如果一名基督徒在失足、犯錯後想要重新開始，他就必須先懺悔。他必須衷心地懊悔自己的過錯，最好還能找位神職人員**告解**。能夠先找個中立的人坦白一切，這對他本身確實也是好的。當神職人員將他從自己的罪過中解放出來，他的心裡就能變得輕鬆。這樣的釋放稱為「赦免」，一個人唯有表示懺悔才能得到赦免。告解會讓人有勇氣去向被自己所欺騙的伴侶吐實。

在**告解**中，一位基督徒會坦承自己做了惡事。基督徒相信，上帝會寬恕懺悔者。

根據羅馬公教的教義，以這種方式懺悔是種「聖事」或「聖禮」，是種上帝的「奧蹟」。告解者要坐在一張告解椅上。那是一個高高的、如櫃子般的小房間。裡頭有一張給告解者坐的椅子，另外還有一張給神職人員坐的椅子。雙方僅以一個遮掩住的開口互通。告解者可在不被神職人員看見的狀態下坦承自己的罪過。大多數的人都是為了個人的良心危機去做告解，例如欺騙了自己的伴侶或父母等等。

基督徒在聖餐禮中都吃些什麼？

聖餐禮是基督教禮拜的高潮。此時,神職人員會發給教區信徒麵包和葡萄酒。

人們經常用一種小薄餅來取代麵包,稱作聖餅或聖體。它們多半放在一個小盤子裡。這個時候,神職人員會說(根據宗派的不同而誦讀不同的段落):「就是主耶穌被賣的那一夜,拿起餅來,祝謝了,就擘開,說:『這是我的身體,為你們捨的。』」神職人員會拿起小薄餅將它弄碎。接著,舉起一隻裝有葡萄酒的聖餐杯說:「你們都喝這個;因為這是我立約的血,為多人流出來,使罪得赦。」

「eucharistie」是希臘文,意即表示感謝。基督徒也以「eucharistie」來指稱**聖餐禮**。

對於基督徒來說,**聖餐禮**(eucharist)是一種聖事或聖禮,是上帝的奧蹟。神職人員的話:「就是主耶穌被賣的那一夜」,讓信徒們回想起耶穌在死前與門徒共進的最後晚餐。參與聖餐禮的人會牢記這段往事。

此外,神職人員也說,耶穌所流的血是為了赦免世人的罪過。對基督徒而言,參與聖餐禮意謂著他們的罪過會獲得赦免。基督徒相信,耶穌是無辜受罰,他代替其他人,如信徒們,承受了他們或許應受的處罰。

當耶穌在最後的晚餐中說:「這是我的身體」和「這是我立約的血」,對於今日的基督徒來說,代表耶穌以某種方式出現在小薄餅和葡萄酒中。人們究竟該如何理解這一點,至今為止,基督教的學者仍舊無法正確回答。重要的是,人們在聖餐禮中與耶穌共融;共融的拉丁文就是「kommunion」。

天主教徒會在6至12歲之間舉行自己的首次聖餐禮。

基督教信仰最重要的符號是一種酷刑工具。這樣的符號可以引發截然不同的情感。

十字架是什麼？

在上古時期，羅馬人會把反叛者和竊盜者釘在十字架上。他們會讓這些人吊在上頭數小時之久，直到痛苦地死去。對羅馬人來說，十字架是種恥辱的象徵。在他們眼中，一個被如此處決的人只能遭人鄙視。

　　基督徒從一開始就認為十字架是將耶穌折磨致死的工具。所有虔誠的基督徒都對耶穌有著莫大的同情。在基督教裡，十字架是受苦的象徵，卻同時也是（基督徒所相信的）耶穌復活的象徵。

　　《新約》中關於耶穌死亡的故事，講述了耶穌是如何被逮捕、被定罪、被鞭打、被嘲笑、扛著大木條走到刑場、在那裡被釘在一個十字架上。它們講述了耶穌最親近的門徒如何在他臨死前棄之不顧，幾位婦人又是如何忠誠地待在一旁，後來又從十字架上解下他的屍體，繼而安葬。耶穌被釘十字架的故事雖是質樸地陳述，但仍令人感到震驚。在人類最古老的故事中，這或許是敘事者對於被定罪者與被折磨者給予最多同情的故事。

　　如今我們在教堂裡隨處可見十字架的標誌。在虔誠信仰天主教的地區，我們還能見到耶穌被釘在其上的十字架。基督徒也會在空中畫十字。神職人員在祝福時便會這麼做。信徒則會用兩根手指觸碰額頭、胸部及兩肩，做為自己也屬於受十字架刑者的象徵。

借助十字架的標誌，基督徒認為：我與受十字架刑者站在同一邊。

耶穌真的曾經死而復生嗎？

死去就是死去。一個確實死去的人再度復生，這簡直令人難以想像。然而，基督徒卻認為真有其事，而且就發生在耶穌身上。

就連猶太教徒與穆斯林也都相信，神能讓死去的人再次活過來。

基本上，人們理當認為，耶穌的故事應該就在耶穌被釘死在十字架上後落幕。那個治癒病人且愛自己敵人的人已經死去。人們也可能就此遺忘耶穌。然而，突然間，事情竟有了戲劇性的變化。時至今日，人們還是無法清楚解釋那到底是怎麼一回事。耶穌的門徒說：耶穌復活了！他死而復生。他的門徒頓時不再哀傷，反而滿心歡喜。他們繼而將耶穌的博愛信息散布到全世界。

對基督徒來說，耶穌的復活可說是生命會在死後延續的明證。復活的希望幫助他們克服種種的痛苦，像是罹患嚴重的疾病或親朋好友過世等情況。

《新約》表明，人們無法一方面信仰耶穌基督，但另一方面同時卻又不相信他的復活。

然而，我們該如何理解復活這件事呢？

在基督徒之間其實眾說紛紜。現代的基督徒認為，相信耶穌繼續活在基督徒的心中便已足夠。相反地，其他的基督徒則認為，在確實非常困難的時刻裡，單單這樣的想法恐怕發揮不了什麼慰藉的作用。況且，如果耶穌不是真的復活，為何耶穌的門徒會突然變得那麼雀躍、那麼振奮？

在基督教的信仰裡，相信耶穌死而復生是最重要的信仰之一。基督徒每年都會在復活節慶祝耶穌的復活，約莫是猶太人慶祝逾越節的時間。特別是在東正教的教堂裡，人們可以見到美妙的復活節慶典。只不過，某些東正教徒慶祝復

宗教怎麼來的？為什麼人會相信看不見的神？寫給所有人的宗教入門書

活節的時間，與一般的基督徒稍有不同。在午夜時分，教堂的鐘聲會響起。成千上百的人會密密麻麻地站在教堂裡。教堂裡始終還是一片漆黑。這時，神職人員會帶著一根點燃的蠟燭走進來。所有湧入教堂的人會用復活節蠟燭點燃他們的蠟燭或火把。光明就這樣在人群中擴散開來，逐漸照亮整個空間。在空間的中央，會放置一個耶穌墳墓的仿製品。由於東正教教會的復活節慶典十分隆重，如今就連天主教徒與新教徒也重新在夜裡舉行復活節禮拜。

猶太教徒、基督徒與穆斯林相信，有朝一日，所有的死者都會復生，神將審判他們。

　　復活節是為了紀念耶穌被釘死在十字架3日後死而復生，那是一個星期天。首批基督徒都是猶太人。對於他們來說，星期天仍是一週的第一天，在真正的假日「安息日」之後。不過，為了紀念耶穌死而復生，首批基督徒卻是每個星期天的早上舉行禮拜。也因此，星期天就成了基督徒的假日。

在耶路撒冷舉行的天主教復活節禮拜。

什麼是東正教徒與天主教徒？

「Confession」是拉丁文，意思是教派、宗派。不同的基督徒會認信不同的教義，他們信奉不同的教派。

一直以來，在基督教裡，人們對於信仰的問題始終存在著爭議。不過，教會（即基督徒的「組織」）大多都能調停那些爭端。它們從一開始就被嚴謹地建立，有著明確的規範。倘若某個教區裡存有爭議，就由負責該區的神職人員裁決。神職人員之間若有爭議，就由主教，他們的上級來裁決。要是主教之間存有爭議，他們就必須開會取得共識。

然而，有時就是無法達成協議。在距今大約一千年前，當時的主教們對於在產生爭議的情況下，該不該由羅馬的主教，也就是教宗，擁有最後的決定權爭執不休。西方的教會希望這樣；從那時起，他們就形成了羅馬天主教教會。東歐和近東的教會則表示拒絕。他們就是東正教教會。直到今日依然如此。

德文「katholisch」的意思就是普世皆適用。當然，每個教會都希望自己的效力及於所有的人；不過，對天主教徒而言，這點尤其重要。

「Orthodox」意即信奉正教的。德文「katholisch」意即普世皆適用。

「Orthodox」的意思則是信奉正教的、遵循正確教義的。這點也是所有基督徒所希望的。只不過，沒有其他教會像東正教教會那麼看重堅守古老教義。

天主教與東正教有許多相似之處。它們都有修士和修女，也就是放棄財產和婚姻住在修道院裡的人。這兩個教會都只允許男性擔任神父。不過，倒也有些不同之處。東正教的神父如果在受任聖職前已經結婚，他們可以保留原本的婚姻關係。至於天主教的神父，則必須是沒有結過婚的。此外，他們的禮拜也有所不同。

宗教怎麼來的？為什麼人會相信看不見的神？寫給所有人的宗教入門書

在新教徒（反對教派）中誰説了算？
他們不像天主教有個教宗。主教也無
法規定信徒要往哪裡走。

應該説是福音教派還是反對教派？

路德宗（Lutheranism）的信徒遵循馬丁・路德（Martin Luther）
的教義。馬丁・路德是位德國僧侶，在大約500多年前，由
於教會大力販售所謂的「贖罪券」，於是他發起了一場反對
運動。路德直指那是一種詐欺行為。與此同時，一個名叫烏
里希・慈運理（Huldrych Zwingli）的瑞士人也發起反對運動。
慈運理原本可望與路德攜手合作，但由於某些觀念無法達成
共識，以致最終整合失敗。慈運理和他的後繼者約翰・喀爾
文（Jean Calvin）另外創立了一個反對教派的教會，人們稱之
為改革宗（Reformed church）或喀爾文宗（Calvinism）。

　　新教徒之間一再產生爭議。由於沒有主教可以解決爭
端，往往因而衍生出新的宗派。例如，遵循特定方法信仰的
循道宗（Methodism）。或者根據希臘文「洗禮」一詞命名的
浸禮宗（Baptists）；他們只願意讓成年人受洗。又或者五旬宗
（Pentecostal）；他們相信，他們在自己的禮拜中能夠感受到聖
靈；正如在當時首次的降靈節（Pentecost）那樣，也就是耶穌
復活的五旬之後。根據《聖經》所述，當時聖靈降臨在耶穌
的門徒身上，促使他們創建教會。

　　以上這些宗派統稱為反對教派（〔Protestantism〕又稱新
教），因為他們早先曾反對過天主教教會。不
過，我們也可以稱其為福音教派（Evangelical），
對他們而言，耶穌的福音遠比牧師、主教或其
他什麼人所説的更為重要。**福音**的希臘文為
「euangelion」。

在福音教派的基督徒眼裡，
耶穌的福音遠比主教所説
的更為重要。《聖經》中與耶
穌有關的陳述被稱為福音。

為何人們要蓋那麼巨大的教堂？

位於亞爾薩斯的史特拉斯堡主教座堂，是座超過100公尺高的教堂。內部的拱形天花板高達32公尺，約莫10層樓的高度。

大約在西元1220年時，建築工人開始修築史特拉斯堡主教座堂（Cathédrale Notre-Dame de Strasbourg）南邊的入口區。直到過了20年後，才開始著手興建中殿，也就是後來人們做禮拜時所坐的地方。首批的建築工人都沒能在完工的教堂中殿裡做禮拜。中殿的興建前前後後共花了55年的時間。

對於基督徒來說，教堂鐘塔的鐘聲響起，就是禮拜即將開始的信號。

接著，又耗時165年才完成塔樓。出生於修築時間共220年之始的那些人，他充其量只能盼望，有朝一日，自己的曾曾曾曾孫能夠聽到教堂的鐘樓響起鐘聲。

如果他不知道自己的兒孫是否會將這座建築物完成，為什麼還會想去修築它呢？蓋到一半的教堂隨時都有可能在一場戰爭中毀滅。基督徒修築教堂是為了莊嚴的禮拜。禮拜藉由蠟燭暗示：耶穌基督是世界的光。藉由水暗示：每個基督徒都受洗過。藉由麵包與葡萄酒來紀念耶穌與他的門徒共進的最後晚餐。藉由香煙來提醒基督徒，基督徒是上帝的芬芳，誠如《聖經》所述。基督教的禮拜和猶太教的禮拜有許多相似之處，像是誦讀神聖典籍、布道、歌唱、禱告等等。就連「哈利路亞」（意為讚美主）和「阿門」（意為堅定、確實）

市民也會為了妝點城市興建教堂。

等用語，也是出自希伯來文。所有的這一切都能讓基督徒想到，他們與猶太教徒有何關係。古老的教堂也顯示出，從前人們對於上帝的信仰有多麼地巨大。

宗教怎麼來的？為什麼人會相信看不見的神？寫給所有人的宗教入門書

5

伊斯蘭教
Der Islam

一個極其簡單的宗教
有著怎樣的面貌？

這裡所要尋找的是一個一神論宗教，無論是聰明或愚笨、富有或貧窮，每個人都能很快就記住它的教義。

這個極其簡單的宗教最重要的事情就是，敬拜真主。雖然真主創造了這個世界，而且總是引導與管理著萬事萬物，但為此還是要有某人，一位使者，傳達真主的旨意，傳達祂的啟示。這位使者會告訴信徒，必須如何過活才能合真主的意。每個信徒都必須向真主及其使者「表白信仰」。第二，信徒必須定時向真主「禱告」。第三，他們必須行善，例如「布施」窮人。

第四，他們應該每年至少一次銘記自己所信奉的宗教。「齋戒」則是這方面最簡單而有效的方法。一個人若是禁食一段時間，他就會發現自己平常過得有多好。他將感謝自己所擁有的一切。此外，他不是飽食終日、懶懶散散地四處遊蕩，而是保持空腹、清醒。一個禁食的人可以專注於自己所信仰的宗教。為了讓放棄進食沒有那麼困難，最好所有的人同時進行齋戒。

伊斯蘭教的信仰有5大支柱：向真主表白信仰、禱告、布施、齋戒、朝聖。

現在就只剩一件事。如果世界各地有那麼多人都屬於這個宗教，他們勢必構成一個非常強大的運動。為了一生至少見證一次這場運動有多麼強大，他們應該與來自世界各地志同道合且盡可能多的人聚上一聚。就連在這方面，同樣也有一個古老且有效的方法，那就是：盡可能多的信徒同時動身去朝聖。

這個適於所有人的簡單宗教不待創立，它其實早已存在。它稱作：伊斯蘭教。

全球有三分之一的人是穆斯林, 他們所信奉的宗教是伊斯蘭教。伊斯蘭一詞源自阿拉伯文, 意思就是「順從 (真主的旨意)」。

「伊斯蘭」是什麼意思？

穆斯林並不認為, 真主一舉創造了這個世界之後, 如今這個世界是根據它自己的自然法則繼續存在。事實上, 正在發生的一切, 只是因為真主想要它們那樣發生。即使那些事情對他們來說或許是沉重的命運打擊, 穆斯林還是會接受它們。這是他們獻身於真主的一個象徵。

伊斯蘭一詞意即順從。一位穆斯林應當順從上帝的旨意。

　　伊斯蘭教的神聖語言是阿拉伯語。在這種語言中, 輔音對於一個詞彙的意涵至關重要。輔音「s-l-m」不僅構成了「islam」這個詞 (意即順從), 也構成了「salam」這個詞 (意即和平)。這背後所隱含的想法就是：一個順從真主意旨的人, 將找到自己的平靜。他或者她就是一個「muslim」(穆斯林, 亦即信仰伊斯蘭教者); 這個詞彙同樣也是由輔音「s-l-m」所構成。

　　穆斯林區分了兩種可以順從真主旨意的方式。他們可以在精神上順從真主, 竭盡所能好好地鑽研真主的信條及律法, 全心全意地對真主禱告。這種精神上的態度, 也就是認真地對真主表示忠誠, 阿拉伯語稱為「iman」。這個詞彙有著與希伯來語的禱告詞「amen」同樣的輔音。另一方面, 人們也能透過行為來順從真主的旨意。以行動來實現自己的宗教信仰, 穆斯林稱之為「ihsan」, 意即完美、卓越。這個詞彙提醒了虔誠的穆斯林, 自己的所作所為應該盡可能盡善盡美。人們的一切行動真主全都看在眼裡, 藉由自己虔誠地獻身, 人們就能取悅真主。

如何才能成為穆斯林？

如果一種宗教像伊斯蘭教那麼簡單，成為穆斯林必然也很容易。事實上，只要說幾句話，人們就能皈依伊斯蘭教。

表明信仰真主及其使者穆罕默德的人就是穆斯林。

一個想要成為穆斯林的人，只需在證人面前表白自己的信仰即可。他們大致上會這樣表示：「我能證明，除了真主以外沒有其他的神，而穆罕默德則是真主的使者。」用阿拉伯語來說，聽起來大概就像這樣：「La ilaha illa 'lah, Muhammad rasul Allah。」在這句話中，「Allah」（阿拉）一詞在阿拉伯語中就是「真主」的意思。許多穆斯林認為，他們在用德文稱真主時也必須說「Allah」，而不是「Gott」，因為在伊斯蘭教的神聖典籍《古蘭經》裡，真主自稱為「阿拉」。不過，阿拉卻並非真主的名字，只是阿拉伯語指稱「真主」的詞彙。人們也能將它翻譯成德文。

認信真主及其使者，當然並非只是隨口說說而已。穆斯林同樣也要用自己的生活方式取信於他的見證人，他們同樣也得同意接受伊斯蘭教的其他幾個支柱：禱告、布施、齋戒、朝聖。至於要怎麼做，那就是他個人的事情。直到見證人看到他確實認真看待自己的認信，他們才會承認他是一個真正的穆斯林。

一個穆斯林並不需要像改信猶太教的人那樣，去認識自己所要信奉的宗教的種種戒律與習俗。他也不需要像基督徒那樣，去信仰特定的教義。伊斯蘭教完全不是信仰的體系，而是某種過活的方式。某些穆斯林試圖以熱情與奉獻的方式去實現自己的宗教信仰。某些穆斯林則毋寧輕鬆以對。他們相信，伊斯蘭教的道路是正確的道路，但他們早已不遵守所有的規則。

伊斯蘭教的禱告場所稱為清真寺。清真寺會有一些高塔,宣禮員會站在那些高塔上,透過擴音器,召喚信徒們禱告。

宣禮員都在吟詠些什麼?

人們稱那樣的高塔為「叫拜樓」(〔minaret〕或稱喚拜塔)。在信奉伊斯蘭教的國家裡,宣禮員(〔muezzin〕或稱穆安津)會從這樣的高塔上呼喚信徒,提醒信徒去做禱告。為此,從前

人們如果於清晨在某個信奉伊斯蘭教的城市裡醒來,例如開羅或伊斯坦堡,就會聽到一場宣禮員的「演唱會」。

的宣禮員需要一個可以繞行的小陽台,好讓他們能夠朝四面八方呼喊。時至今日,人們改為借助大型的擴音器。宣禮員的召喚總是一樣。宣禮詞總共7句,旨在提醒信徒們的認信伊斯蘭教:「真主至大,真主至大!我作證,除真主外絕無應受崇拜的神。我作證,穆罕默德是真主的使者。快來禱告。快來接受保佑。真主至大,真主至大!除真主外絕無應受崇拜的神。」

宣禮員會以某種旋律吟詠這些宣禮詞。雖然他們的吟詠旋律十分類似,但每個人的吟詠旋律卻也不盡相同。

在清真寺裡,人們不會看到很多東西。人們可以在朝著麥加(Mecca)的方向(從德國朝東南方)見到一個壁龕。某處會有一個得要踩著小樓梯登上的小講台。領讀祈禱文者會在這裡布道。有時人們會將講台裝飾成棕櫚樹,藉以紀念先知穆罕默德曾以一個棗耶樹椿做講台進行布道。

領讀祈禱文者稱為「伊瑪目」。

人和動物的圖像在伊斯蘭教的祈禱場所裡是被嚴格禁止的。任何人都不許把某種東西當成真主的形象來膜拜。相反地,人們可以見到許多紋飾,頗具藝術性質的圖案,通常是以馬賽克的形式表現或印在磁磚上,另外也有一些彎彎曲曲的阿拉伯文字,它們是擷取自伊斯蘭教神聖典籍《古蘭經》的經文。

穆斯林必須做《古蘭經》所述之事嗎？

《古蘭經》並非如何正確過活的指南。不過，在伊斯蘭教的觀念裡，《古蘭經》所述卻是真主的旨意。

當美國士兵在2005年將刑求伊拉克戰俘的照片上傳到網路後，引起穆斯林一片譁然。但幾乎沒有一個穆斯林站出來抗議。然而，不久之後，當美國人將《古蘭經》丟入廁所裡的傳言四散開來，卻立刻激起強烈的反彈。對於穆斯林來說，沒有什麼能像《古蘭經》那般神聖。根據伊斯蘭教的觀念，這部神聖典籍的內容是出自真主之口。

《古蘭經》內容翻成德文就顯得含糊不清，甚至有些浮誇。

使用阿拉伯語的《古蘭經》，情況則截然不同。

真主應該是以阿拉伯語將《古蘭經》的內容告訴了穆罕默德。

許多詞彙具有多重意涵，同樣的句子就可能有許多不同的解釋。阿拉伯語的《古蘭經》裡有著線條優美的文字。專家也表示它的語言聽起來同樣十分優美。某些穆斯林儘管不懂阿拉伯語，卻也會背誦整部《古蘭經》。

穆斯林相信，《古蘭經》裡記載著真主告訴先知穆罕默德的話。開頭的部分是一些威嚇：對於人們的惡行真主將會施予嚴厲的懲罰！接著是一些勸誡：人們應當正直地行為、幫助窮人、信奉唯一的真主！死者將復活！惡人將會下地獄受罰，善人將會上天堂受賞！所有的這些都是源自早期先知穆罕默德仍住在麥加時。

然而，由於穆罕默德當時在麥加的勢力不夠龐大，追隨者往往會遭到迫害，於是他在西元622年夏天出亡至麥地那（Medina）。穆斯林將這場「出走」稱為希吉拉（hijrah），伊斯蘭曆也就以這一年為元年。到了麥地那之後，穆罕默德成了政治顧問。這段時期的經

文內容則是關係到人們如何好好地共同生活。對於3個反叛的猶太部落來說，《古蘭經》可謂是邪說。由於穆罕默德在與麥加人和解後曾經前往麥加進行一趟朝聖之旅，因此《古蘭經》也包含了朝聖的指示。

伊斯蘭曆始於所謂的希吉拉，也就是西元622年先知穆罕默德率領信徒離開麥加前往麥地那時。

穆斯林十分推崇《古蘭經》的轉達者穆罕默德。許多男性都是根據他來命名，因為以此為名的人據說可以直接上天堂。據說，這位先知沒有任何罪過。也因此，穆斯林希望盡可能以他為榜樣過活。有些稱為「聖訓」（hadith）的小故事，記述了穆罕默德日常的言行。當他進入某個房間時，他會以右腳先跨入，虔誠的穆斯林會仿效他的這種習慣。穆罕默德的智慧同樣也是穆斯林的典範。「問問你的心，什麼是對的，即便法學家已經表示了他們的專業意見」，這句話應是出自穆罕默德。一個人若是不曉得什麼是對的，不妨聽聽自己的心怎麼說；這比所有法學家的智慧還要重要。

在先知穆罕默德死後，人們才將《古蘭經》編纂成書。第一章（阿拉伯語的「章」稱為「蘇拉」〔surah〕）是經常被誦讀的禱告文。這一章共有7句。緊接其後的是最長的「蘇拉」，接著是次長的「蘇拉」，以此類推，直至最短的「蘇拉」。

閱讀《古蘭經》。

遜尼派到底是什麼人？

理論上，伊斯蘭教應該是個非常簡單的宗教。然而，在日常生活中，有時看起來情況卻並非如此。

遜奈指的是「先知的習慣」，意即所謂的「聖行」。遜尼派就是嚴格遵守《古蘭經》與「聖行」的穆斯林。

為了確保自己的言行確實合真主的意，大多數的穆斯林都會仿效先知穆罕默德的一系列習慣；阿拉伯語稱為遜奈（sunna），意即所謂的「聖行」。先知穆罕默德的言行被記述成許多小故事，匯集成前已提及的「聖訓」。多數的穆斯林都屬於遜尼派（Sunni）。遜尼派只奉行《古蘭經》和聖行。有些其他的穆斯林除此以外還奉行其宗教領袖的教義。嚴格的遜尼派是不會做這樣的事。

「遜奈」也可以是絕大多數的穆斯林認為是對的事情，換言之，可以是絕大多數穆斯林的習慣。如果有項習慣在穆斯林中散布且無人反對，它也可以做為他們的典範。新的「遜奈」，新的習慣，會在所有穆斯林逐漸取得共識（阿拉伯語稱為「ijma」）下形成。

某些歷經數個世紀在共識下形成的習慣，如今再度陷於眾說紛紜。在這種情況下，形成了某種聖徒崇拜。人們會特別崇拜某些虔誠的男性或女性。他們會去這些人的墳墓朝聖，期望在那裡獲得治療奇蹟。穆斯林崇拜聖徒的情況類似於天主教徒與東正教徒。數十年來，嚴格的遜尼派一直希望能夠消弭這種情況。他們認為，聖徒文化不符先知穆罕默德的習慣，穆罕默德嚴格拒斥任何將人神格化的舉動。因此，當個優秀的穆斯林，顯然比乍看之下來得困難許多。

一名小偷在沙烏地阿拉伯被砍斷手。法官表示，這是伊斯蘭教的法律。多數的穆斯林卻認為這是不對的。

伊斯蘭教是否要求砍斷小偷的手？

伊斯蘭教的法律稱為**伊斯蘭教法**（sharia）。它規範了所有的生活領域，包括宗教、家庭生活、國家等等。伊斯蘭教法規定禱告時人們的雙手要舉多高，在何種情況下某人會被判犯下通姦罪，在何種情況下哈里發（〔caliphate〕古時伊斯蘭教宗教及世俗的最高統治者）必須聽從所謂的「伊斯蘭教令」（〔fatwa〕亦即伊斯蘭學者對於伊斯蘭教法議題所做出的宗教詮釋）。

穆斯林對於伊斯蘭教法所要求的為何眾說紛紜。

　　伊斯蘭教裡有許多見解南轅北轍的法律學派。舉例來說，比較寬容的法律學派認為，如果有人在齋戒期間不小心中斷了齋戒，這是可以原諒的。嚴格的法律學派則認為，即使稍微中斷齋戒，也要視為一整天完全沒有齋戒，人們必須事後補行這個齋戒日。

　　就連婦女是否必須在公共場所戴上面紗，伊斯蘭教法律學者也是眾說紛紜。最嚴格的法律學派是瓦哈比主義（wahhabism）的法律學派，瓦哈比派如今在沙烏地阿拉伯與阿富汗激進的塔利班（Taliban）組織中居領導地位。他們要求婦女必須完全將自己遮掩住。瓦哈比派所教導的雖然不為大多數穆斯林所認同，但近年來，卻日益受到年輕穆斯林族群的青睞。

　　同樣地，瓦哈比派也要求對犯罪者處以嚴厲的懲罰；正如在《古蘭經》的某些段落以刑罰威嚇犯罪者那樣。不過，大多數的穆斯林卻認為，如此嚴厲是不對的，《古蘭經》所提及的那些處罰，唯有真主才能施行。人類的法官必須溫和一點。

伊斯蘭教的婦女是否受到壓迫？

女性必須戴上面紗，男性則否。男性可以提出離婚，女性則不行。在伊斯蘭教裡，沒有男女平權。

《古蘭經》並未明白要求婦女必須配戴頭巾。

「一位在頭部沒有遮掩的情況下禱告的女性，會讓羞恥降臨在她的頭上。」這個句子並非出自《古蘭經》，而是出自《新約》，基督徒的《聖經》。《古蘭經》裡只有提到婦女應用「喜瑪爾」（〔chimar〕一大塊通常覆蓋於頭上的布料）遮掩住自己的胸部與自己的魅力。「魅力」是否同樣也指頭髮和臉孔，這是見人仁見智的問題。某些穆斯林的理解是，婦女應該完全把自己遮掩住。某些穆斯林則認為根本沒有必要戴頭巾。

根據伊斯蘭教法，如果負擔得起的話，伊斯蘭教的男性可以擁有多名妻子。現代的穆斯林則反對這種說法，他們認為，先知要求男性必須同等愛護自己的每個妻子，但沒有人能夠做到這一點，所以每個男人只能娶一個妻子。

嚴格的法學派認為，觸碰陌生女性會污染男性。因此我們往往會見到，男性穆斯林在向一位女性問候時不會伸出手來。在許多信奉伊斯蘭教的地區，女性甚至不許和陌生男性有任何的眼神接觸。伊斯蘭教的女性基本上是被從公共的部分裡切割開來。客人見不到為他們準備食物的婦女。

根據伊斯蘭教法，伊斯蘭教的男性可以對自己的妻子提出離婚。他們只要向對方表達3次想要離婚的意思，他們就算離婚了。伊斯蘭教的女性卻沒有這樣的權利。不過，虔誠的穆斯林其實鮮少會將自己的妻子掃地出門。律法雖然允許這麼做，但卻對於這種行為給予不好的評價。

一位穆斯林在自己的人生中最初與最終所聽到的是信仰表白。人們會在新生兒與垂死者的右側對他們耳語。

伊斯蘭教是否也有類似「洗禮」的儀式？

伊斯蘭教並沒有像基督教所具有的「洗禮」。一個人的父親是穆斯林，他就是穆斯林。他永遠都會是穆斯林，不能夠改信別的宗教。要是膽敢這麼做，《古蘭經》會以死刑相脅。對於絕大多數的穆斯林而言，這代表著：是真主，而非人類的法官，在懲罰叛教者。確實曾經發生過有位穆斯林改信基督教，結果被送上法庭，起訴者要求對他處以死刑。

在許多信奉伊斯蘭教的國家裡，女兒都得留在家裡接受教育。這並非《古蘭經》或「遜奈」所要求，那只是當地普遍的民情。由於害怕自己的孩子被不良的影響所玷污，德國的某些穆斯林會禁止自己的女兒參加體育課、性教育課或校外教學。

一直到7歲為止，兒子都會待在母親身邊。有一回，有個人問先知穆罕默德：「什麼人最有資格得到我最大的感謝？」穆罕默德的回答是：「你的母親！」到了7、8歲時，伊斯蘭教的少年就要割除包皮。先知也曾割除包皮。割除包皮十分疼痛，少年們是在意識清楚的狀態下經受這樣的痛楚；有別於猶太教的男孩在出生8天後就舉行割禮。

到了7、8歲時，伊斯蘭教的少年要割除包皮。

伊斯蘭教的信仰表白可說是穆斯林一生最終所聽到的話。人們會在垂死者的耳邊輕聲低語。死者會被裹在一塊亞麻布裡，面向聖城麥加的方向安葬。

穆斯林在禱告時都會做些什麼？

全球有大約12億人每天都會向真主禱告5次。在這當中，對他們來說，自己正身在何處，是在家裡、在露天的田野中、在工廠裡，完全無關緊要。

所有的穆斯林在禱告時都會面朝聖城麥加的方向。如果人們能從太空觀察地球，或許可以見到5波由禱告的人群所構成的「波浪舞」。這5波「波浪舞」總是圍繞著整個地球。一波是由在太陽剛升起處的禱告者所構成。第二波是由在日正當中處的禱告者所構成。第三波是由在正值下午處的禱告者所構成。第四波是由在太陽剛下山處的禱告者所構成。第五波則是由在夜晚臨睡前處的禱告者所構成。

這些禱告不包含任何請求，而只是在讚美真主的偉大。

沒有其他任何宗教如此令人印象深刻地表現出敬拜神明對那個宗教來說有多麼地重要。

每個穆斯林都應帶著純潔之心面對真主。

每個星期五穆斯林都會齊聚在清真寺裡禱告。

這是人們強迫不來的。不過，他們至少能在禱告前潔淨一下自己的外在。他們會用流動的水清洗自己的臉、手、下臂，用濕潤的手輕拂自己的頭，並且直至腳踝將雙腳洗淨。接著他們會光著腳踏上一個祈禱墊。

每個穆斯林都會做同樣的禱告動作。他們會站著說：「真主至大！」接著他們會誦讀《古蘭經》的一章，鞠躬並以雙手撐住膝蓋。接著他們會回復直立，舉起雙手，誦讀一段《古蘭經》經文。然後他們會跪下，用額頭觸地兩次。接著他們會跪立著再度誦讀一段《古蘭經》經文。如此反覆2到4次這樣的禱告。在完成之後，他們會說出自己的信仰表白以及對先知的祝福。

公平對於穆斯林來說非常重要。富人與窮人之間特別應該做到公平。也因此，富有的穆斯林有義務布施金錢。

穆斯林必須布施多少錢給窮人？

據說，有一回，有個男子向先知穆罕默德講述了一名婦人的事，那名婦人不太禱告，也不太齋戒，但她總會布施酸奶給窮人。穆罕默德聽了之後回答說：「她會上天堂！」不單只在這個故事裡，先知穆罕默德其實經常表示：當個好人好過當個優秀的穆斯林！

穆斯林有義務行善及布施金錢給窮人。這樣的布施稱為「天課」（zakat）。這個阿拉伯文詞彙真正的意思其實是「潔淨」、「純淨」。我們不難從中看出這背後所隱含的想法就是：若是一個人幫助了他人，這樣的舉動就能清除一個人的罪惡。每個成

穆斯林不許就金錢收取利息。伊斯蘭教的銀行會以複雜的手法規避利息禁令。

年、健康且自由的穆斯林，都必須完納「天課」；除非他需要每一分錢來維持自己的生計。

每100歐元，穆斯林必須捐出2.5歐元。每100公斤的穀物，農夫則必須捐出10公斤；如果這些穀物是好不容易才種植出來的，那麼只要捐出5公斤就行。每個穆斯林都應親自將捐獻交給需要的人。人們會先觀察一下自己的家族。如果家族裡沒有需要幫助的人，就將捐獻致贈給朋友或鄰居。要是所有的朋友或鄰居也都已經獲得良好的照顧，就將捐獻致贈給社福團體，由他們再去幫助需要幫助的人。無論如何，基本的構想就是這樣。只不過，許多信奉伊斯蘭教的國家會像課稅那樣，課徵「窮人捐」，接著再由國家來分配它們。這麼做的好處是，每個人都會確實繳納他的捐獻。壞處則是，國家不會像誠實的穆斯林所做的那樣好好地分配善款。

齋戒月究竟是什麼時候？

在伊斯蘭教的節慶中，最有名的莫過於「齋戒月」。在長達將近一個月的期間裡，穆斯林會進行齋戒。不過，大多數的非穆斯林並不清楚，這個齋戒月究竟是在何時。這也難怪。

在以農業為主的國家裡，太陽年（solar year）是非常重要的；那是從播種到播種、從收穫到收穫的時間。在沙漠裡，這樣的規律卻是無關緊要，這裡既無播種、也無收穫。伊斯蘭教是源自沙漠的宗教。在這個宗教裡，重要的是一日的週期與月亮的週期。新月、上弦月、滿月、下弦月。每29至30天，就會從一個新月到另一個新月。伊斯蘭教的一年有12個月，有12個29至30天長的月分。一年有時是354天長，有時是355天長；比起太陽年短10到11天。伊斯蘭教曆第九個月就是「拉瑪丹」（Ramadan），也就是俗稱的「齋戒月」。從這時起，阿拉伯世界的穆斯林，有長達29或30天的時間，日間完全不許飲食。當日光的照射足以讓他們辨識出黑白線條，一日的齋戒就展開。直到太陽下山之後，齋戒才結束。

在「拉瑪丹」，也就是所謂的「齋戒月」期間，穆斯林從清晨到日落的這段時間完全不許飲食。

對於住在北歐的穆斯林來說，情況則完全不同。「拉瑪丹」在太陽年中總是比在前一年裡早了10到11天。在2000年時，「拉瑪丹」是在12月。到了2015年，則是從6月開始，這時正是白晝時間最長的時候。在斯堪地那維亞（Scandinavia）的北部，甚至有長達一個月的時間，太陽完全不會下山。直到日落後才能再度飲食的穆斯林，在那裡度過幾個齋戒日後，恐怕就已經渴死。為了防止這種慘劇發生，他們可以依據離他們最近的信奉伊斯蘭教的國家（例如土耳其、突尼西亞或阿爾及利亞）的白晝時間來進行齋戒。

像是健康狀況不好的人或懷孕的婦女，這類進行齋戒可能會發生危險的人，就不需要齋戒。

基本上，所有穆斯林都會過的，其實只有兩個重要的節慶：「齋戒月」與「宰牲節」。有些穆斯林還會過另一個會令人聯想到穆斯林葬禮的節慶。

當齋戒月落幕，穆斯林會歡慶「開齋節」（Eid al-Fitr）。土耳其的穆斯林則稱這天為「糖節」，因為他們會在這天吃下大量的甜點、蛋糕和糖果。許多穆斯林會一大早就穿戴得特別漂亮，接著全家一起去清真寺禱告。之後他們還會再去拜訪親戚或朋友。

《古蘭經》禁止食用豬隻及死去動物的肉。

「宰牲節」則是在兩個月之後。阿拉伯文稱之為「Eid al-Adha」，意即「大的節日」，因為它可說是伊斯蘭教最重要的節慶。人們會在這天宰殺牲口獻祭。一隻綿羊或山羊會被切斷頸動脈和氣管，如此羊血就會順暢地流出。在屠宰的過程中，被屠宰的動物頭部必須朝著麥加的方向。穆斯林藉由這樣的屠宰來紀念先知易卜拉欣（基督教稱為亞伯拉罕）的犧牲。真主要求易卜拉欣殺死自己的兒子。由於易卜拉欣服從真主，差點殺死自己的兒子。就在最後一秒鐘，真主阻止了這場人倫慘劇。取而代之，易卜拉欣獻祭了一隻牲口。

前往聖城朝聖的穆斯林會歡慶宰牲節，為自己的麥加之行劃下句點。

另一個節慶是「阿舒拉節」（Ashura）。只有部分穆斯林會過這個節日。「什葉派」（Shia）會在這一天紀念胡笙‧伊本‧阿里（Husayn ibn Ali ibn Abi Talib），他是先知穆罕默德的外孫。胡笙‧伊本‧阿里在戰爭中陣亡。如同出席葬禮一般，成千上百的什葉派成員會身著喪服上街遊行以示哀悼。有些人還會演出胡笙‧伊本‧阿里不幸喪生的話劇。另有一些人甚至會傷害自己的身體，藉以感受如胡笙‧伊本‧阿里所受的痛苦。他們會用劍或刀敲打自己的頭，直至頭皮破裂流血。

前往麥加朝聖會發生什麼事？

麥加那裡有塊被牆圍住的石頭，其上有塊黑布覆蓋，那便是著名的「卡巴天房」。伊斯蘭教的詩人曾將它比喻成他們所渴望的一位遮著蓋頭的新娘。

每年都有數百萬朝聖者（多半都是在伊斯蘭教曆的最後一個月）前往沙烏地阿拉伯的麥加朝聖。從前這樣的「朝覲」（hajj）往往得冒著生命危險。朝聖者不僅得要越過海洋，穿過沙漠，更得經過某些滿是劫匪的地帶。一個人若是死在朝聖的途中，就會被視為殉道者，會被認為將自己的生命奉獻給真主。

時至今日，人們可以舒適地直接飛往麥加。那裡有一個朝聖者只能穿著白色朝覲服才能進入的神聖區域。男性會穿著兩塊未縫合的布料，還有涼鞋。女性則會穿著長連衣裙與頭巾，臉部則不遮掩。身著朝覲服的人不能剪頭髮和指甲，也不能殺死任何動物，除了經常會在營帳裡對朝聖者造成干擾的蝨子以外。朝聖者會不斷對真主呼喊「Labbaika！」，意即「侍奉祢！」

朝聖之旅的主要目的地是位在麥加的黑色石頭，**卡巴天房**。

大多數的朝聖者會從所謂的小徒步朝聖開始。他們會跟著人群走向**卡巴天房**（Kaaba）所在地，穿過入口大門湧進內院，接著繞行卡巴天房。在外圈迅速地繞行3次後，朝聖者會往聖石處擠。他們總共會繞行7次，在快要結束時，他們會試著去觸摸與親吻它。靠近卡巴天房會讓許多穆斯林覺得自己就彷彿站在真主的寶座前。對他們來說，觸摸它，即使不是自己人生的高潮，也往往是朝聖的高潮。接著朝聖者會退下進行禱告。就在同一天裡，朝聖者還會在麥加的兩座小山丘之間來回走上7趟，這是一場十分特殊的體驗。帶著純淨的

心，朝聖者就能以全新的觀點來看這個世界，把這 許多穆斯林都將朝聖之旅與參訪先知在麥地那的墳墓結合起來。
個世界看成是籠罩在真主的良善下的一個世界。

　　大徒步朝聖則是始於麥加以東約25公里處。
配有空調的巴士會將朝聖者載往阿拉法特山（Mount Arafat）。
他們會坐在那裡配有空調的帳棚裡禱告和聊天。如果沒有空
調設備，沙烏地阿拉伯的酷熱恐怕沒有什麼人受得了。過了
2、3天之後，他們會走到位於附近的米納（Mina），到了那
裡，每個朝聖者都會在某個地方丟下7顆小石頭。

人們擲石拒魔。

　　魔鬼撒旦被認為是人們一再為惡的煽動者。

　　徒步朝聖月的朝聖之旅就在伊斯蘭教的宰牲節中落幕。
一隻山羊或綿羊會為一位朝聖者犧牲。大型屠宰場會負責宰
殺牲口及冷凍肉品，其中有一部分會送給沒有食物的穆斯林。

　　在離去前，朝聖者會將自己的長袍浸在卡巴天房旁的
「滲滲泉水」（Zamzam）裡。許多人都希望，自己日後可以裹
著這件長袍安葬。

穆斯林朝聖者朝覲卡巴天房的盛況。

如何區分什葉派與遜尼派？

如果人們問穆斯林，什葉派與遜尼派有何差別，他們就會講述一場發生於1300多年前的爭執。穆斯林有那麼記仇嗎？

那場爭執關係到先知穆罕默德的繼承者。有3任哈里發承繼了先知穆罕默德，他們全是穆罕默德的血親或姻親。當穆罕默德的堂弟兼女婿阿里·本·阿比·塔利卜（Ali ibn Abi Talib）意欲成為第四任哈里發時，第三任哈里發的一個親屬起來反對他，於是爆發了一場爭鬥。「阿里的追隨者」（阿拉伯語為「Shia-ne-Ali」）落敗，他的競爭者成為哈里發。那些至今依然奉阿里為正統的穆斯林，便是什葉派。

全球每8個穆斯林就有一個是什葉派。目前什葉派約有1.5億到2億人。

對於什葉派來說，阿里是第一位伊瑪目，第一位宗教領袖。相反地，遜尼派認為伊瑪目只是一個領讀祈禱文者。阿里的兒子和孫子對什葉派而言，同樣也是伊瑪目。就連他們也都遭到迫害與謀殺；直至第十二位伊瑪目。據說第十二位伊瑪目最終遁世隱沒，不過，有朝一日，他將重返人間，如同猶太人的彌賽亞那樣。什葉派會在阿舒拉節哀悼先知的外孫之死，也就是第三位伊瑪目胡笙·伊本·阿里。胡笙·伊本·阿里死於一場無望的哈里發爭奪戰中。在他陣亡的那個月裡，許多什葉派真的會為他落淚。男性甚至會磨傷自己的頭皮，直至鮮血流出。

如今在伊朗、伊拉克南部、阿富汗西部和黎巴嫩都有什葉派分布。什葉派遠比遜尼派更聽從自己的宗教領袖。這些領袖甚至會傳播新的教義。在遜尼派看來，這無異於偽造原始教義。對於什葉派有時甚至把自己的宗教領袖神格化，遜尼派也頗不以為然。他們批評，什葉派的伊斯蘭教總是不斷分裂出新的宗教團體。

宗教怎麼來的？為什麼人會相信看不見的神？寫給所有人的宗教入門書

他們伴著鼓聲不停旋轉，頭部傾斜，一隻手高舉向上。旋轉會讓他們陶醉在某種快樂中。這些男人是什麼人呢？

「德爾維希」（dervish）在波斯語中是「乞討者」或「托缽僧」的意思。德爾維希是安貧的穆斯林。他們會藉由徹夜禱告、經常反思《古蘭經》經文、嚴格齋戒、減少睡眠等方式來尋覓真主。他們對於真主的渴望甚至會轉化為身體的疼痛。不過，一旦他們在自己身上感應到了真主，他們就會覺得極為幸福。阿拉伯語稱這些人為**蘇非行者**（sufi）。

從前許多德爾維希會穿著深色羊毛製成的長袍，在阿拉伯語中，羊毛稱為「suf」，蘇非行者（sufi）便是因此得名。

　　一直以來，蘇非行者寫了許多關於他們尋覓真主的詩歌。德國詩人歌德（Johann Wolfgang von Goethe）十分喜愛蘇非行者的詩歌。德爾維希的舞蹈就在蘇非行者傾聽其他蘇非行者的詩歌中誕生。受詩歌的美妙所刺激，他們不由自主地轉起圈來。在這個過程中，他們會在尋覓真主上持續深化。某些德爾維希甚至會在舞蹈的專注與刺激中做出一些不可思議的事，像是自行取出一隻眼睛、用一根長矛刺穿自己或是吃玻璃卻不會受傷；除此以外，人們恐怕只會在印度的瑜伽士身上（參見 P.123）見識到這種事。

　　遜尼派和什葉派都可以是蘇非行者。不過，尤其是遜尼派，對蘇非行者卻是意見分歧。對於某些遜尼派的人來說，他們是褻瀆真主的人。蘇非行者認為，他們和真主走得很近。最初的蘇非行者之一甚至曾經表示：「我就是真主。」他也因此被判處死刑。其他的遜尼派則對蘇非行者的修練給予高度的評價。舉例來說，人們會讓一串珍珠滑過自己的手，在每顆珍珠滑過時就禱告一次，到了某個時候，如此的禱告方式就會變成第二天性。

蘇非派的長老稱為「謝赫」（sheikh），他們在穆斯林中是德高望重的導師與法官。

穆斯林是否必須發動聖戰？

「聖戰」一詞源自於距今一千多年前的十字軍。對於穆斯林來說，只有所謂的「吉哈德」，意即「在真主的道路上奮鬥」。

地理是一門困難的學問。幾乎沒有多少人能夠記住所有的非洲國家其及首都。要是人們把世界分成某些區域，事情就簡單多了；例如東方和西方，分界線就穿過土耳其中央。

穆斯林也有這種關於世界的簡單二分法，像是將世界劃分成「Dar al-Islam」與「Dar al-Harb」：前者意即「伊斯蘭之境」，由伊斯蘭教居主導地位；後者則是「戰爭之境」，那裡的人絕大多數都還不是穆斯林。這種分法源自於早期伊斯蘭教的時代，在穆斯林發動大規模的征服戰爭時。在短短的90年裡，他們建立了一個從西班牙到印度的大帝國。一個為了擴張這個帝國而奮鬥的人，便是以「吉哈德」（jihad）為己任，為真主而奮鬥。

後來，當伊斯蘭教的世界幾乎再無擴張，而且在伊斯蘭教的君主間爆發了戰爭，虔誠的穆斯林就區分出兩種形式的「吉哈德」。以戰爭的方式擴張伊斯蘭教的世界稱為「小吉哈德」。之所以稱為「小」，是因為穆斯林認為，相形之下，這比較簡單。相對地，「**大吉哈德**」則是要對抗自己。這代表著，戰勝自己心中的邪惡要比發動戰爭困難。

大吉哈德就是要戰勝自己心中的邪惡。

如今有一群穆斯林想要復興戰爭的「吉哈德」的舊觀念。他們認為，為了保衛伊斯蘭教，他們必須對抗以色列及歐美，為此，他們必須引爆炸彈。至今為止，他們從未在任何地方締造過和平。

宗教怎麼來的？為什麼人會相信看不見的神？寫給所有人的宗教入門書

伊斯蘭教是一種友愛的宗教。然而，伊斯蘭教的恐怖分子卻給非穆斯林留下了「伊斯蘭教也是暴力的」的印象。

伊斯蘭教是一種暴力的宗教嗎？

美國黑人民權運動者麥爾坎·X（Malcolm X）感到欽羨。身為前往麥加朝聖的朝聖者，他首次體驗到一種由非洲人、阿拉伯人、亞洲人和歐洲人所共同組成的、完全沒有種族主義的共同體。事實上，沒有任何其他的宗教像伊斯蘭教那樣，無論是黑皮膚、白皮膚、貧窮、富裕、健康或患病的穆斯林，彼此都能相互友愛。

許多伊斯蘭國家都苦於貧窮、缺乏教育及發展落後。

　　另一方面，伊斯蘭教的世界同時卻又充斥著貧窮與文盲。某些信奉伊斯蘭教的國家位於滿是沙漠的北非。石油輸出國家，如沙烏地阿拉伯、奈及利亞和伊拉克等，從過去到現在，長期處在確保歐美石油供應的獨裁統治之下。在其他的地方，貪腐的官員則阻礙了當地的改善。

　　許多穆斯林對於這一切深感失望。他們在伊斯蘭教中為自己的問題尋求解答。這些穆斯林並不希望自己的世界變得像西方世界，像是無邊無際的網路、快速變換的時尚、肆無忌憚的娛樂工業等等。他們嚴格的伊斯蘭教也導致婦女遭到強烈歧視。

　　許多穆斯林認為，他們的困苦全得歸咎於西方及以色列。他們在伊拉克或阿富汗對抗西方的士兵。他們在以色列、美國、歐洲和西方的旅遊中心引爆炸彈。也許激進的穆斯林只會讓信奉伊斯蘭教國家的困境惡化。不過，有朝一日，其他有雅量、迎向世界的穆斯林，正如大多數的穆斯林一直以來那樣，將會為伊斯蘭教定調。

6

印度教
Der Hinduismus

印度教是不是一種宗教？

事實上，並沒有「一種」稱為印度教的宗教，而是有許多不同形式的印度教。曾經有人打趣地說：「印度教裡什麼都有，就連和它相反的也有。」這句話說得十分貼切。我們也可以說：印度教一詞指涉印度所有可回溯到極其古老的典籍的宗教，或至少宣稱回溯自那些極其古老的典籍。這些古老的典籍包括《吠陀》和《奧義書》等等。印度教徒非常珍視這些典籍；耐人尋味的是，事實上，卻只有少數印度教徒確實熟悉它們。

印度教是種非常多元的宗教。它所使用的語言是梵語。

4部《吠陀》本集如今已有兩千多年的歷史，它們是用古老的梵語所寫成。其中的內容十分深奧難解：有關於獻祭牲畜的規定，以及給人強烈感受的禱告曼怛羅（mantra）及火神阿耆尼（Agni）的詩歌。時至今日，大多數的印度教徒再也無法確實理解那些內容，因為實在過於古老。儘管如此，他們還是覺得自己受這些典籍所約束。

相形之下，《奧義書》與印度教徒的距離比較近。它們同樣也有超過兩千年的歷史。這些典籍記載了師父如何將關於心靈的奧義傳授給弟子。至今仍有許多印度教徒努力試著從這些奧義中學到一點什麼。

印度教徒還有些共同的東西。他們都知道某些神明，例如濕婆（Siva）、毗濕奴（Vishnu）、黑天（Krishna）和羅摩（Rama）等。只不過，早已不是每位印度教徒都會敬拜這每個神明。

並非所有印度教的神明都在其最古老的典籍裡被提到。

印度教是一種敘事的宗教。其中最著名的莫過於《薄伽梵歌》與《羅摩衍那》。印度教徒會從這當中領悟到許多人生的道理。

印度教徒講述些什麼？

每晚，年長的**班智達**（pandit）都會講述一些典籍裡的內容，一些印度教的故事。他們對於那一切全都如數家珍。這位班智達坐在自己家中的白色地板上。在他面前的木架上，擺放了一本以印度教的神聖語言「梵語」所寫成的書。這位老者想藉此證明他字字句句都是依照古老的敘事方式。但他卻不看著那本書，僅憑自己的記憶講述一切。如今，在印度的某些村莊裡還有一些像他這樣的老者。

班智達是印度的學者。

到了下午，農村勞動者會從田裡返回村中。某些人會直奔這位老者家，聽上一段故事。他今天打算說些什麼呢？也許是從某部偉大的史詩中抽出某些段落，像是擁有10萬個詩節的《摩訶婆羅多》（Mahabharata），或是擁有2萬4千個詩節的《羅摩衍那》（Ramayana）。那是與勇敢的英雄和邪惡的壞蛋有關的精彩長篇故事。

這位班智達從《薄伽梵歌》（Bhagavad Gita）開始講起，那是《摩訶婆羅多》裡頭最著名的1萬8千個詩節。《薄伽梵歌》講述的是，戰士阿周那（Arjuna）不願上戰場與自己身處敵營的親友們交手，於是化身為馬車夫的黑天對他曉以大義，最終說服了阿周那負起自己的責任，走上戰場。

印度教徒很喜歡那些有趣的古老故事。其中最有名的，莫過於《薄伽梵歌》。

人們很喜歡聆聽這些有趣的故事。重要的是，這些故事教導了他們許多人生的道理：一個人必須完成哪些使命，一個人能夠如何侍奉神明，以及一個人必須遵守那些生活準則。

什麼是「瑜伽」與「業」?

對一個印度教徒來說，瑜伽是宗教的修練。像是冥想。或是藉由去做命運要求我們去做的事來履行責任。這正是《薄伽梵歌》所講述的。

《薄伽梵歌》所講述的英雄阿周那有個疑惑。他既是戰士，也是國王。他的軍隊已經準備好要上戰場，想要奪取他王國的敵人就站在他的面前。然而，正當阿周那想率領自己的軍隊迎戰時，他卻看到自己的親友居然在敵營中。這使得他猶豫不前。一旦戰事開啟，他將不得不對他們痛下殺手。這並非阿周那所願，這會令他心碎。這時他最想做的就是拋棄一切，放棄自己的王國，隱居山林。

就在此時，阿周那的馬車夫說話了。他說：「阿周那，身為戰士的你負有某種責任。你必須戰鬥。你不能臨陣脫逃，不能隱遁到山林裡去冥思。在你履行自己身為戰士的責任後，你大可好整以暇地去做那些事。」

那位馬車夫其實是神明黑天。祂只是化身為馬車夫。阿周那從祂那裡學到了：每個人都必須熱情地履行自己的人生責任。這麼做並不是為了獲得獎賞。在他看來，履行責任是在為神明犧牲，在為黑天犧牲。這是一種宗教的修練。以印度教的古老語言來說，「宗教的修練」就叫「瑜伽」（yoga）。

黑天還說道：「當一個人死去，死去的不是他的靈魂，只是他的身體。之後靈魂會在另一個身體上繼續活下去。」因此，如果阿周那在戰場上殺死他的親友，他殺死的只是他們的身體，而非他們的靈魂。

在這裡，阿周那反映了印度教的信念：死後靈魂不會消失。

宗教怎麼來的？為什麼人會相信看不見的神？寫給所有人的宗教入門書

它們會在別的生物身上繼續存活。

他們會在哪裡繼續存活，這點則取決於「業」（karma）。根據「業」，高尚的行為會得到高尚的結果，卑鄙的行為會得到卑鄙的結果。對於印度教徒來說，「業」是某種如同重力一般的自然法則。正如重物會掉往地面、輕物會飄往空中，惡行會有惡報，善行則會有善報。舉例來說，一個邪惡的心靈來世將會轉生為牲畜。相反地，一個高貴的心靈則將轉世為高貴的人，例如轉世為祭司，因為祭司在印度教中被視為特別高貴的人。

「業」所指的是，善有善報，惡有惡報。

印度教徒相信靈魂轉世。高尚的人會重生為高尚的人，卑鄙的人會重生為卑鄙的人。

一位印度教的祭司正為一尊神像舉行安座儀式。

印度教徒負有怎樣的責任？

認識「世間萬法」是印度教徒最重要的使命之一。世界萬法是生命的法則。遵循它們是每位印度教徒的宗教義務。

世間萬法是生命的法則。所有的印度教徒都必須履行之，這是他們的義務。

有史以來印度最受歡迎的電視連續劇之一，就是被搬上銀幕的《羅摩衍那》。8千萬名印度教徒收看了全部78集。其中有些熱情的觀眾甚至還跑到拍攝現場，親吻劇中演員的雙足。

《羅摩衍那》是除了《薄伽梵歌》之外在印度教中第二受歡迎的故事。《羅摩衍那》所講述的是世間萬法（dharma），宗教的義務。故事的主角是王子羅摩。羅摩的父親曾經應允他的繼母滿足她的兩個願望。於是他的繼母便許願，希望將羅摩放逐到某個孤獨的森林裡14年。儘管他的父親心中不願，但他最終還是不得不讓步。他曾經應允她滿足她的願望，這時他就必須兌現自己的承諾，這是世間萬法所要求的，是種宗教的義務。壞心的繼母希望自己的兒子能夠取得王位。可是她的兒子根本不想當什麼國王。於是他跑去找羅摩，請他留下。儘管如此，羅摩還是毅然離去。他必須服從自己的父親。就連服從也是宗教的義務。

羅摩的妻子悉多（Sita）和他的弟弟羅什曼那（Lakshmana），都忠心耿耿地陪著他退隱森林；就連此舉，同樣也是世間萬法所要求。在森林裡，他們必須挺過一場艱難的冒險。魔王羅波那（Ravana）綁走了美麗的悉多。所幸，在猴子的幫助下，羅摩與羅什曼那救回了悉多。當羅摩離開森林回國接掌王位後，由於羅摩無法確定悉多在遭綁架期間是否始終保持忠貞，於是他最終將悉多放逐。我們或許會覺得這樣的結局很愚蠢。然而，對於印度教徒來說，這卻是可理解的。直到最終，羅摩都遵守了自己的宗教義務。他無法確定自己的妻子是否忠貞，因此他不得不將她放逐。

宗教怎麼來的？為什麼人會相信看不見的神？寫給所有人的宗教入門書

從印度教徒在許多大型節慶中表達對王子羅摩的敬意，我們不難看出，王子羅摩的故事在印度人當中有多麼受到喜愛。

每年4月，許多印度教徒都會湧入神廟裡，慶祝羅摩的生日。這個節日稱為「羅摩誕辰節」（Rama Navami）。人們也會在這段期間慶祝猴神哈奴曼（Hanuman）的生日。在《羅摩衍那》的故事中，哈奴曼是羅摩最重要的盟友，祂幫助了被放逐到森林、並想從魔王手中救出妻子悉多的羅摩。在羅摩與哈奴曼的誕辰，印度教徒會特別以鮮花精緻地裝飾神廟裡的祭壇。他們還會帶著食物去獻祭，並且在神像前跪拜。

　　10月的「十勝節」（Vijayadashami或Dussehra）更為熱鬧。這個節日又稱「凱旋節」或「聖母節」。它是在紀念羅摩戰勝魔王。在真正的節日到來前的9個夜晚，印度教徒已經開始興高采烈地慶祝。到了十勝節的晚間，人們則會焚燒象徵魔王的大型稻草人。

　　印度教最有名的慶典稱為「萬燈節」（Diwali）。在十勝節過了20天後，人們會徹底清掃並用燈裝飾自己的房屋。所有的商店街都會掛滿燈籠。印度教徒在萬燈節這天慶祝王子羅摩的最終勝利，從森林返國。對於印度教徒來說，這是英雄戰勝邪惡、光明戰勝黑暗的象徵。人們會吃甜食、買新衣、放煙火。在許多印度教徒眼裡，羅摩是毗濕奴的化身。因此，他們也會在萬燈節對祂的妻子，也就是女神「吉祥天女」（Laksmi）表示敬意。吉祥天女是幸福與財富的女神。

對於印度教徒來說，10月的萬燈節是最重要的節慶。

什麼是生命法則？

印度教徒認為：一個少年應該當個學生，一個青年應該當個一家之主，一個中年人應該當個山林隱居者，一個老年人則應該當個托缽僧。

生命法則就是：一個人會先成長到完全充滿生命力，接著他會老化，變得虛弱，終至死亡。這項法則不僅適用於動物和人類，同樣也適用於神明。

在印度教裡，生命法則稱為「世間萬法」。無論動物、人類還是神明，無一例外都得服從世間萬法。在印度教的觀念中，神明也會誕生、衰老，有朝一日同樣會死亡。人的一生也該順應這樣的生命法則。在人生的頭四分之一裡，一個人應該當個學生。在人生的第二個四分之一裡，一個人必須好好地工作。在人生的第三個四分之一裡，一個人應當像個退居山林的隱士那樣卸下自己的責任。到了人生的最後四分之一，一個人則應該為自己的死亡預作準備，應該當個再無什麼可失去的托缽僧。印度教徒認為，人就該以這樣的方式度過自己的人生。

在大約1800年前，有個名叫摩奴（Manu）的人寫下了這樣的生命法則。他之所以會這麼做是因為，當時有許多印度教徒不再重視古代的神聖典籍《吠陀》與《奧義書》。摩奴當時所寫下的，包含了4個人生階段的教義。此外，他還提到，男性應該控制自己的妻子；人們應該只和與自己的社會階級相當的人來往；人們應該重視神聖的行為，宗教儀式；而且應該禁止食用某些食物，例如肉類。摩奴寫道：「一個人若能遏制自己的感官，克服愛憎，不傷害其他的生命，便能獲得解脫。」對於印度教徒來說，摩奴的律法並不是強制性的，幾乎沒有人會完全遵守它。然而，摩奴的律法卻是印度教徒的準繩。它就像是練習書寫時的輔助線，人們可以依樣畫葫蘆。只不過，如果想要直率地書寫，人們就該盡可能別那麼做。

許多前往印度旅遊的人都會對此感到驚愕，在當地，超級富豪與患有殘疾的乞丐比鄰而居。這種極端的差異與印度教徒的「種姓制度」有關。

種姓到底是什麼？

有些人十分好學，他們飽覽群書，這些人是天生的學者。有些人會告訴別人要往哪去，他們統治他人，這些人是天生的掌權者。有些人特別會聚斂財富，這些人是天生的商人。有些人十分貧賤，他們總是讓人呼來喚去，這些人是天生的奴僕。根據《吠陀》所述，在這個世界的初始，曾經有位神明，祂殺死了自己，藉以創造人類的生命。祂的嘴化為學者（婆羅門〔brahmin〕），祂的手臂化為戰士，祂的腿化為商人，祂的雙足化為奴僕。

種姓是職業族群，在印度稱之為「迦提」(jati)。

有時就算只是所謂的不可接觸者的影子略過了他們的食物，某些婆羅門也會將那些食物丟棄。

從前，這4種社會階級（所謂的**種姓**〔caste〕）的每一種，都是由上千個職業族群所組成。有文士或祭司的種姓，有王侯或地主的種姓，有麵包匠、製鞋師或商人的種姓，也有服務生、信差或驢夫的種姓。印度教徒生來就屬於某個種姓，他們一輩子都得待在那個階級裡。糟糕的是，倘若一個人生來完全不屬於任何種姓，他就會被視為不純潔，被視為不可接觸。這些所謂的「不可接觸者」必須做些令人厭惡的工作，例如為有錢人清理糞便。

時至今日，在印度，人們已經立法禁止歧視或虐待那些低種姓者或無種姓者。儘管如此，這種情況依然屢見不鮮。只不過，種姓制度倒是有逐漸瓦解的趨勢。許多印度人從鄉村移居到城市。在那裡，沒人曉得他們究竟屬於哪個種姓。有時他們會謊稱自己屬於某個較高的種姓。其他人也愈來愈不在乎他們究竟屬於哪個種姓。

印度教徒信奉神明嗎？

這個問題的答案可以是「是」，也可以是「否」。某些印度教徒信奉許多神明，某些印度教徒信奉一個神明，某些印度教徒則是完全不信奉任何神明。然而，無論如何，神的性質卻總是有的。

人們常說：印度是宗教的母國。人們或許可以在那裡找到存在於世界各地的所有信神與不信神的形式。只不過，一切更為多采多姿且變化多端。人們可以在那裡找到供奉上千尊神像的寺廟。街邊也能見到某些裝飾華麗的神壇，滿是五彩繽紛的神像的小廟。在印度的森林裡，有些隱士會長年紋風不動地坐在一棵樹下。在遠離村莊的田野裡，人們會將衣服掛在樹枝上，在路邊擺放一些食物、裝有紅色粉末的小容器或是用銀箔裝飾的石頭；這是某種「奉獻」，鄉村居民想藉此賄賂、安撫、取悅或單純只是供養女鬼或女神。

來自歐洲的觀光客見到這些情景，或許不禁會想：根本沒有什麼鬼神，那些食物最後都是被一些動物給吃掉。不過，印度的鄉村居民可不這麼認為。那裡的人們認為，他們所供養的是村莊裡那些孤苦無依、無兒無女的婦女們死後的鬼魂。

印度是個充滿矛盾的國家。人們會在那裡見到某些難以置信的殘酷，另一方面，卻又會在那裡見到對待人類與動物的絕對和氣。許多印度人基於自己的信念吃素，因為他們不想加諸任何生命痛苦。或許，信奉神明會讓日常的種種矛盾變得令人較能承受。又或許，只有每天經歷這種矛盾的人才會曉得，鬼魂與神明有多麼強大。

宗教怎麼來的？為什麼人會相信看不見的神？寫給所有人的宗教入門書

毗濕奴和濕婆可說是印度教中最知名的神明。有些人說，毗濕奴是一個讓一切維持生命的神，濕婆則是一個破壞者。

「毗濕奴派」指的就是以崇拜毗濕奴為主的印度教徒。他們相信，毗濕奴是地位最崇高的神明。當然，對他們來說，這位神明基本上是不可見的。祂是宇宙的精神原則。他們也表示，他們會把他們所信仰的神供奉在自己的心裡。所有的這一切都讓人聯想到一神論宗教的神。儘管如此，特別是毗濕奴派所想像的神明卻是十分鮮活。他們認為，毗濕奴其實經常會化為各種神、人或動物的形象。在著名的故事《薄伽梵歌》裡，毗濕奴就是黑天神。祂化身為戰士阿周那的馬車夫，提醒阿周那他所負有的宗教責任。在另一個著名的故事《羅摩衍那》裡，毗濕奴則化身為英雄羅摩，他是位被父王放逐到森林的王子，在登上王位前必須先經歷許多冒險。在其他的故事裡，毗濕奴則化身為魚、龜、野豬、獅子或矮人等等。毗濕奴派喜歡用毗濕奴的所有這些化身為主題來裝飾神廟。毗濕奴派的宗教可謂是多采多姿、面向生命。

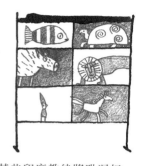

某些印度教徒將毗濕奴或濕婆奉為地位最崇高的神明，也有某些印度教徒則是將羅摩或黑天奉為地位最崇高的神明。

　　「濕婆派」的情況則截然不同。對於他們而言，濕婆才是地位最崇高的神明。人們很常把他們所信奉的濕婆神視為印度教的象徵，一位生有四臂、跳著舞、被一個火環所圍繞的神明。許多印度教徒其實是把濕婆想像成一個節欲的人，就彷彿一位隱居深山的老者，幾乎不吃不喝，從早到晚只是打坐修行。

印度教徒是否會膜拜神像？

1995年9月22日，在全球各地的印度教神廟裡發生了一個奇蹟。印度教的象頭神神像居然「喝掉了」信徒們獻祭在其面前的牛奶。

無論人們是如何講述這件事情，真正令人感到訝異的是：印度教徒對於敬奉在神像前的牛奶憑空消失，居然一點也不感到驚訝。這些「奇蹟」在印度教徒的意料之中。在印度，人們經常可以聽到這類故事，像是某些神像分泌了灰或水。據說，某位東印度的地方女神甚至曾經一腳將某位不受歡迎的祭司踢出神廟。

印度教徒認為，唯有當一位婆羅門，一位祭司，為一尊神像開光、吹入了生命氣息，神才能進入那尊神像。此後，人們就必須好好照料那尊神像，無論神像是供在家裡或廟裡。人們得在早上喚醒神像，提供神像照明，奉獻鮮花水果，提供飲水，在神像前跪拜，對神像說話，注視神像，也讓神像注視自己，到了夜晚則得請神像安歇。

印度教的象頭神深受許多印度教徒喜愛。

象頭神（Ganesha）是一個長著象頭的神明，在印度教裡深受信徒們的喜愛。據說，祂的象耳敞開，是為了傾聽信徒的祈願。祂的象鼻可以幫助信徒清除生活中的任何障礙。印度教徒認為，象頭神是濕婆與雪山女神（Parvati）之子。有一天，濕婆見祂站在自己妻子的臥房外，濕婆沒有認出祂來，以為是妻子的情人。由於一時妒火中燒，濕婆便砍下了祂的頭。雪山女神見狀大怒。於是濕婆允諾將給祂一顆新的頭，而且那顆頭將是下一個經過者的頭。恰巧，經過的是一頭大象。

在印度教中，婦女必須承受許多的歧視，有時甚至是些殘無人道的暴行。借助宗教故事，她們其中有一部分人起而對抗這樣的情況。

印度教的婦女是否受到壓迫？

女性在印度處境艱辛。人們往往重男輕女。因為一旦女兒要出嫁，父母得花費一筆嫁妝。也因此，經常會有懷孕婦女去檢查胎兒性別的情況。如果懷的是女兒，父母就會設法把她打掉。這可為他們日後在嫁女兒這件事情上省去許多金錢。

　　自古以來，女性就一直在對抗這種男性統治；其中包括援引宗教故事，像是女神「杜爾加」（〔Durga〕又稱難近母）的故事。這個故事所講述的是，有個牛妖入侵天界，趕跑了它的統治者因陀羅（〔Indra〕又稱帝釋天），因陀羅跑去求助於3位男神：梵天、濕婆和毗濕奴，遺憾的是，祂們3位同樣一籌莫展、束手無策。就在此時，突然間，從祂

在婚姻中，妻子應該服從丈夫，這是她們的「世間萬法」，她們的義務。

們的力量中生出了一位極其美麗的女性，祂就是女神杜爾加。某些印度教徒強調：杜爾加的年紀比梵天、濕婆及毗濕奴都要大，因而也比祂們更強大。杜爾加的坐騎是隻獅子（有時是隻老虎），善飲酒，能發出令人膽寒的笑聲。祂是一位狂放的美女，不是低聲下氣的印度教婦女。杜爾加給了眾男神勇氣。牛妖聽聞了祂的事蹟，想要娶祂為妻。然而，杜爾加不但拒絕了，更在一場危險的戰鬥中將之斬殺。

　　住在印度北部的人，會在每年10月慶祝為期5天的「杜爾加女神節」（Durga Puja）。這個節日是為了紀念女神杜爾加戰勝牛妖。人們會敬獻給這位女神鮮花、蔬果等供品。一位如同這位女神仍是處子之身的16歲少女會坐在祂的神像旁。到了最後一天，信徒們會將泥塑神像沉入河中。

有別於所有其他的印度教徒會在10月慶祝萬燈節，印度北部的印度教徒則是會在10月慶祝杜爾加女神節。

什麼是
世界靈魂？

印度教最重要的問題之一就是：什麼是自我？在開始進行任何的宗教探索時，印度教徒總會先問自己：我到底是什麼人？

上師是宗教
事物的導師。

除了《吠陀》以外，印度教中還有其他一些古老的典籍，它們統稱《奧義書》。

如果有人用「有沒有人告訴過你，你⋯⋯」這樣的話做為句子的開頭，我們或許可以預期，接下來可能會聽到：「你簡直太過自負！」這是多麼令人震驚的評語。我們自以為很平易近人，想不到別人居然會這麼說。別人會在我們身上看到我們自己往往未能察覺的一些事情，無論是好、是壞。這顯示出沒有人能夠獨自解答「我到底是什麼人？」這個問題。為此，人們需要某些有識人之明的人來協助。在印度，人們稱呼這樣的人為「**上師**」（guru）。

有2500年歷史的印度教典籍《奧義書》裡記載了學生如何去探索自我。其中有個故事講述到，某位上師如何向他的弟子解釋，自我事實上是什麼。上師對弟子說：「放一粒鹽在一杯水中。」弟子照著他的話去做了。到了第二天，他得從杯子裡喝水。無論他是從中間喝、還是從邊緣喝，他都感覺到了鹹味。於是上師告訴他：「你無法抓住水中的東西，這個最細小的物質是整個世界的自我，這就是真相，這就是你。」

這位上師想要表達的是：這個世界有個靈魂，梵文稱之為「梵」（brahman），它就像是杯中的那些水；人也有個靈魂，梵文稱之為「我」（atman），它就像是水中的鹽；世界的靈魂與人類的靈魂是合一的，正如水與鹽的合一。

這是對於探索自我的解答嗎？歐洲人恐怕很難接受這樣

的答案。他們恐怕永遠也不會將自我比喻成溶解在水裡的鹽。如果我們想要理解上師對於探索自我的問題所給的答案，我們就得要知道：上師所說的，不單只是自我如何形成，它遠比我們所假設的來得大，甚至於大如整個世界的靈魂；此外，上師還給了一項建議，教導弟子，一個人如何才能更妥善地認識自我。他的建議就是，一個人必須超越自己，必須認識到自我遠比一個人從這個自我中意識到的東西還要大得多。

因此，自以為自己平易近人，滿足於這樣的自我形象，這是不夠的。一個人若想擴大對自我的認識，他就必須徹徹底底地認識自己。

無論他在別人眼裡顯得如何。

能夠如此正確地認識自我的，唯有森林裡的隱士，或是長年冥想的僧侶。在他們平靜地走向自我、探索自我時，他們會感受到，他們的自我在這個過程中似乎無限地擴展了。

人們可以同時贏得對於身體和精神的控制，這是這項自我探索的「副作用」之一。印度的瑜伽士（yogi），也就是修練瑜伽的隱士或僧侶，舉例來說，可以讓自己的皮膚放鬆到，就算在上頭鑽洞也不會流血。

一位印度教僧侶為一名朝聖者賜福。

為何某些印度教徒總在念誦「哈瑞奎師那」？

一大清早，在列柱大廳裡，上師盤著雙腿等待著。弟子魚貫進入大廳。他們先是親吻上師的雙足，接著一排排依次坐下。

敬拜師父在印度教中算是典型的作風。為此，上師也會為弟子指引一條明路，告訴他們如何才能在宗教上成為一位師父，如何才能獲得更高的知識。在這當中，上師會賦予每個弟子屬於個人的「曼怛羅」，某種禱告形式。如果弟子經常念誦，他在宗教的道路上就會進展得更快。他的精神、他的注意力、他的警覺性都會更迅速地成長。

歐洲同樣也有一些上師。有位在西方頗負盛名的上師名為A.C.巴克提韋丹塔・斯瓦米・帕布帕德（A.C. Bhaktivedanta Swami Prabhpada）。巴克提韋丹塔的意思是「深刻崇敬《吠陀》中的古老教義」，斯瓦米則是「學者」之意。當巴克提韋丹塔・斯瓦米於69歲離開印度時，他已是個進入第四個人生階段的老人（參見P.116），換言之，他已進入了放棄所有財物的棄絕期（samnyasa）。他成立了「國際黑天覺悟會」（International Society for Krishna Consciousness）。在演說和書籍裡，他為弟子講述印度教的古老故事。他要求弟子們只吃被黑天推崇為神聖的食物；它們當然全是素食。此外，他們還應經常念誦「哈瑞奎師那」（Hare Krishna）。這個曼怛羅可以幫助他們隨時想到黑天，以這樣的方式把自己完全奉獻給神。

奉愛瑜伽的意思是：完全奉獻給神。

如此熱切地敬愛某位神明，在印度教裡稱為「奉愛瑜伽」（Bhakti Yoga）。時至今日，從他們的橘色長袍、光頭和短辮，人們一眼就能認出是國際黑天覺悟會的信徒。巴克提韋丹塔・斯瓦米於1977年辭世。

德國諺語有云：只要母牛還有奶，人們就不應屠宰牠們。印度教徒或許會補充道：只要牠們還能拉犁和提供糞便，同樣不該這麼做。也就是說，最好都不要屠宰牠們。

在印度的大城孟買，上下班時間車潮人潮川流不息。某個十字路口突然交通大打結。原因居然是有些瘦弱、有駝峰的牛隻躺在馬路上。汽車駕駛鳴按喇叭、發牢騷，但卻沒人敢去驅趕這些反芻動物。就連那些牛隻似乎也知道：生活在印度的城市裡絕對安全無虞。沒有印度教徒會去殺害牠們。對於印度教徒來說，吃牛肉是項禁忌。

過去數千年來，牛隻對於印度人有著生存的重要性。牠們的奶被視為最純潔的飲料，敬神最好的食物，而水卻是經常充滿著病原體。因此，印度教徒喜歡喝牛奶，也喜歡奉獻給他們所信奉的神明一碗牛奶。牛隻還會提供糞便，許多印度人在寒冷的季節便藉此取暖。此外，牛隻還能拉車和耕犁。

如今，對於大多數的印度教徒來說，牛隻已經失去了生存的重要性。儘管如此，牠們卻仍是印度教非暴力的一個象徵，一個不殺生（ahimsa）的象徵；不殺生是不傷害與尊重生命的法則。

聖雄甘地（Mohandas Mahatma Gandhi, 1869-1948）是最知名的印度教徒之一。他其實叫做莫罕達斯‧甘地，聖雄（Mahatma）是對他的尊稱，原意是偉大的靈魂。甘地之所以偉大，無非是因為他憑藉非暴力的原則，將英國的殖民勢力驅逐出印度。直到今日，甘地仍是全世界許多人的和平典範。

對於印度教徒來說，不殺生是很重要的，這是非暴力對待人類和動物的基本原則。許多印度教徒本於自己的信念吃素。

7

佛教
Der Buddhismus

人們能否利用「業」搞政治？

如同印度教徒，佛教徒也把「業」視為某種自然法則：善有善報，惡有惡報。

行為會造就習慣，習慣會造就個性，個性則會造就命運。佛教徒給了這種行為與命運的關聯性一個名字：「業」。

習慣會造就個性。舉例來說，如果某人總愛遲到，但同時卻又每每逮到機會就要指責別人的不是，他就會有不好的個性；他應該反省一下自己。佛教徒也認為，不好的個性同樣會造就不好的命運。

如同印度教徒，佛教徒也認為，一個人可以藉由善行去影響自己的業。舉例來說，幫助托缽僧就被視為一種善行。

業的概念有時也能用在政治抗議上。1988年，佛教的托缽僧為了抗議緬甸的軍政府，於是不再接受軍人的施捨。信奉佛教的軍人感到不安，因為這時他們無法獲得善業。信奉佛教的軍政府將僧侶的拒絕視為反抗，以武力強迫他們再次接受施捨。

如同印度教徒，佛教徒也認為，業在人死之後仍會繼續作用。一個好人會重生為高等的生命，重生為人或神。在佛教徒的觀念中，神明十分長壽，接著祂們會死亡，然後重生。

人們也不會永遠都待在地獄裡。人們會受苦、死亡，在那之後則將重生。

相反地，一個壞人則會重生為低等的生命，成為不安定的鬼魂、畜牲，或者更為嚴重，成為地獄的居民。

佛教徒認為，人的靈魂會一再重生。當一位高僧圓寂後，其他的僧侶會前往某些地方，尋找一位他們認為那位已故高僧的靈魂轉世在其身上的孩童。

人們能否在另一個人身上重見某位亡者的靈魂？

安增仁波切（Azin Rinpoche）曾是位重要的僧侶。有一天，他誤吞了一顆脫落的牙齒，因而窒息死亡。在他死後，北印度寺院裡的僧侶便去尋找他的轉世靈童。由於他們的師父是窒息而死，因此他們認為，師父的靈魂重新轉世的那個人，必然也有某些呼吸方面的問題。他們在加德滿都找到已經3歲的洛桑（Lobsang），一個患有呼吸困難的孩子。在他出生後，醫生必須將他置於一個小型的氧氣帳篷裡。到了他一歲的時候，他差點就被一顆彈珠噎死。僧侶們十分肯定安增仁波切重新轉世的靈魂就在洛桑身上。他們告訴了洛桑的父母。對於高僧的靈魂轉世到自己的孩子身上，洛桑的父母十分引以為榮。於是，他們同意讓自己的兒子隨著那些僧侶前往位在比爾（Bir）的寺院。到了洛桑4歲的時候，他就被正式宣告為轉世的安增仁波切，進而舉行了坐床的儀式。

佛教徒相信轉世。

西藏的佛教徒在他們的師父死後，往往會去尋找師父的轉世靈童。

佛教徒認為，在死亡與重生之間存在著某種連結。在靈魂找到一個新的軀體之前，它們會處於某種中間狀態。因此，回想起前世的事情是可能的。佛教徒認為，這種情況雖然罕見，但確實是會發生。

佛陀是誰？

典型的佛陀塑像是像這樣：一位面帶微笑、眼睛半闔、小腹微凸、盤腿而坐的男性，他的雙手分別置於雙膝上，手掌朝天，深沉地進入冥想中。

創立佛教的這位印度王子名為悉達多・喬達摩（Siddhartha Gautama），後人尊稱為釋迦牟尼。他生存於距今2500年前，在一處不知人間疾苦的華麗皇宮中長大。當他騎馬外出時，路上所有貧苦或生病的人會事先被趕走。儘管如此，他還是遇見了一名體弱多病的老人。王子對此感到十分震驚。又有一回，他見到了一個病重的人；第三回，他則是看見一具必須被焚毀的屍體。這些經驗讓悉達多・喬達摩十分困惑。在又一回外出時，他遇見了一名托缽僧。由於王子希望尋找對於苦難的疑惑的解答，僧人便建議他不妨試試冥想。於是悉達多・喬達摩追隨一些大師學習冥想。他的老師教導他許多關於冥想的知識，但他們卻無法回答他苦難究竟有何意義。在這種情況下，他只好依靠自己。他在一棵大樹下進行深入的冥想，最後終於悟出他想尋覓的道理。他意識到人生就是由苦難所組成。他同時也明白了痛苦是從何而來、人們又能如何克服苦難。

佛陀是佛教徒的最高典範。取笑佛陀在信奉佛教的國家裡被認為是極度地不禮貌。

釋迦牟尼以「佛陀」之姿歸來，意即覺悟者。接著，他開始傳布自己所證悟的道理。他所教導的內容都是以口頭傳授，幾個世紀之後才被記錄下來。他的教義「契經」，就是佛教的神聖典籍。

佛陀多半都被描繪成坐在蓮座上。雙腿類似盤腿般互相交叉，腳掌向上。一個模仿這種姿勢的人，難免會不自然地扭曲。不過，若能稍微練習一下，這倒是非常好的冥想姿勢。它可以讓一個人長達數小時平靜地坐著。冥想在佛教裡十分

　宗教怎麼來的？為什麼人會相信看不見的神？寫給所有人的宗教入門書

重要，但它並不是全部。重要的並非只有精神的沉潛，習於
某些態度與想法，真正變得明智，同樣也很重要。只要多做
練習，每個人有朝一日都有可能像佛陀那樣開悟。只不過，
這條路十分艱辛，或許得要耗費數十年的工夫。人們必須先
找位冥想老師指導自己。到了某時，人們將能學會高度控制
自己身體的技巧。甚至修得在普通人看來簡直就
是超自然的一些能力，好比放慢自己的心跳。這
種能力與專注和極度的精神清醒很有關係，唯有
少數的僧侶能夠掌握它們。

佛教的神聖典籍稱為「契經」。

冥想大師可在不看的情況下感知自己背後所發生的事情，有些甚至還能讀取他人的心思。

位於日本的佛陀塑像（1252年）。

佛教徒是悲觀論者嗎？

佛陀教導了人們「四聖諦」：1. 生即是苦；2. 苦源自欲望；3. 苦可以終結；4. 有8種方法可以終結苦。

悲觀論者會說人生中的一切都很糟糕之類的話。佛教徒則會說，人生中的一切都是在受苦。這兩者聽起來十分相似。然而，佛教徒並不想傳播壞心情。他們只是認為，人生就是如此。

有些罹患絕症的人不想承認自己的情況有多糟。他們會說服自己：一切都會好轉！佛教徒認為，所有的人正是在做這樣的事。人們不想承認自己究竟有多少問題。他們害怕貧窮、孤獨、事故。又或者，他們覺得自己不幸福，因為他們負擔不起某些奢侈品。生即是苦，這是所謂「**四聖諦**」的第一諦，也稱「苦諦」。

四聖諦的第二諦，亦即「集諦」，所說的是：苦源自欲望。人們總會希望自己能夠成為他人，例如成為一位超級巨星。又或者，人們會希望自己的身邊能夠圍繞著許多美好的事物，遺憾的是，他們卻無法全部擁有那一切。

四聖諦的第三諦，亦即「滅諦」，所說的是：唯有當一個人停止想要擁有他無法擁有的東西，他的苦才會停止。他必須過一種知足、素樸的生活；然而，素樸卻又不能夠太過頭！一個人在放棄的過程中必須切合實際，不能一下子做得太過分，否則的話，他又會苦於自己完全不能正確地放棄。

四聖諦的第四諦，亦即「道諦」，所說的則是：有8種方法可以終結苦。其中最主要的是，要習於行善，還有必須正確地冥想。如果一個人行善得夠久，他就會停止痛苦。痛苦的消失也稱為「涅槃」。

宗教怎麼來的？為什麼人會相信看不見的神？寫給所有人的宗教入門書

在所有世界性的宗教中，佛教是最和平的一種。幾乎未曾有過以佛教之名發動的戰爭。原因之一或許是佛教徒會試著經常培養善良與和平的態度。

是否有過以佛教之名發動的戰爭？

緬甸遭受著殘酷的軍事獨裁統治。執政的將領自稱是佛教徒。不過，緬甸的佛教僧侶大多反對他們。因為那些將領視生命為草芥，從而增加了許多的痛苦；然而，佛教徒卻是要尋求終結痛苦的方法。

佛教徒認為終結痛苦的方法有很多。冥想（梵文稱為samādhi〔三摩地〕），精神的沉潛，是其中之一。有趣的是，經常從事冥想，會讓一個人的內在變得更平靜、更專注、更自若。

佛教徒認為，人們也能憑藉智慧，亦即藉由正確洞悉事物，進而找到對待它們的正確態度，去終結痛苦。佛教徒所說的「正確」，指的是佛陀教導世人的事情。只不過，人們不應不假思索地接受佛陀的教誨。每個人都應當親自去證悟那些道理。

對佛教徒來說，避免邪惡尤其重要。這代表著，不能殺生、不能竊盜、不能邪淫、不能說謊、不能吸毒等等。不能傷害生命這項戒律對於佛教徒特別重要。某些佛教僧侶會清掃自己前方的地面，避免踩到螞蟻。另有一些僧侶則會過濾飲水，避免吞下什麼小動物。

佛教徒不能殺生。梵文的「ahimsa」就是絕對非暴力的戒律。

佛教徒與印度教徒有何差異？

業、轉世、上師、瑜珈，在佛教中的這許多事物都讓人聯想到印度教。佛教是否其實只是某種特殊形式的印度教？

釋迦牟尼佛出生和死亡都是印度教徒。也因此，印度在1947年獨立後的首任總理班智達尼赫魯（Pandit Jawaharlal Nehru）曾表示：「佛教是某種形式更新的印度教。」

事實上，在北印度和尼泊爾，有些佛教徒會和他們的印度教鄰居一起過某些宗教節慶，或是在同樣的寺廟裡祈禱。儘管如此，這兩種宗教還是有所差異。佛教徒所講述的故事與印度教徒的不同。特別是，佛教徒拒絕將社會區分成種姓。在佛教徒的觀念裡，所有的人生而平等。

佛教和印度教都有諸如轉世、業和非暴力等觀念。

此外，有別於印度教徒，佛教徒總是希望能為自己所信奉的宗教爭取更多的信徒。時至今日，大多數的佛教徒其實都是住在印度以外的東南亞。他們在各地都能配合當地的習俗。寮國的佛教徒相信，有32種靈會影響人生；僧侶會在節慶時誦念佛經，並在手腕上綁一些帶子，藉以遠離惡靈、留住善靈。在日本，佛教往往與「神道教」這種君主崇拜相互結合。至於中國人，佛教對他們的幫助，主要是在為死亡做準備方面。在西藏，佛教與某種形式的印度教及民間信仰混合成一種特殊形式的佛教。

如同印度教，佛教也有許多不同的面貌。只不過，有別於印度教，佛教有一套統一的教義，也就是佛陀的思想。

有別於印度教徒，佛教徒認為，人並沒有不死的靈魂，總會重新產生出新的「我」。今日的「我」與昨日的「我」並不是同一個「我」。

12歲的我們與8歲的我們是同一個人嗎？

4名西藏的僧侶跪在繪於地上的一個圓圈前。他們借助一些細微的管子，將紅色、綠色、藍色、黃色、黑色與白色的沙粒準確地撒在圓圈裡。他們用各色沙粒為地上的圖樣上色；一個被火焰圍繞著的內圈，從那裡開啟了4個三角形，每個三角形朝著一個方位。這個色彩繽紛、充滿裝飾的圖樣稱為「曼荼羅」（mandala）；這是一幅描繪自己的心靈和整個世界的圖像，至少繪製這幅圖像的僧侶是這麼想。他們會在這上頭耗費數小時甚或一整天的時間。他們一絲不苟地專注於將色沙準確撒在正確的位置上。在完成後，他們就把那幅曼荼羅交給風和水；一陣微風或細雨，就足以將曼荼羅吹散或沖走。在那幅曼荼羅裡，隱含了僧侶們的許多心血，但他們卻不希望它存續很長的時間。因此，沙畫曼荼羅也是每一刻都是稍縱即逝的象徵。

佛教徒認為，每一刻都會產生一個新的世界。它們是源自於過去的世界。就連「我」，也會不斷地重新產生。去年的「我」只是透過一連串的行為和記憶與現在的「我」相連。12歲的「我」完全有別於過去8歲的「我」。只因為人們在這段期間裡一直在追求著某些願望和需求，而且由於人們也擁有對過去某些時刻的記憶，所以人們才會認為，這些年來自己仍是同一個人。

佛教徒甚至認為，回憶起前世的某些瞬間是可能的。

要如何才能
成為佛教徒？

要成為佛教徒其實很容易，只要全心全意向著佛陀，讓佛陀成為我們的上師、我們的老師，這樣就行。每個人隨時都能這麼做。

大多數的佛教徒都是一出生就成為佛教徒；正如人們一出生就成為印度教徒、穆斯林或猶太教徒那樣。他們在佛教的陪伴下長大，終生都稱自己為佛教徒。在佛教中，並沒有像洗禮或割禮那樣的入教儀式，不過倒是有某些為孩子祝福的象徵。在西藏，一位冥想老師，所謂的「喇嘛」，會送給新生兒一條保護新生兒的帶子，若是父母希望的話，還會幫新生兒命名。

在泰國、寮國和緬甸，依照慣例，年輕的男性都會在婚前去寺院待上一週或數月。他們相信，這有益於他們的「業」。

一個人若想進入佛教的寺院成為和尚或尼姑，就得剃掉自己的頭髮、拋棄自己的財產。他們得要嘗試完完全全地根據佛教的戒律及寺院的規矩過活。

僧侶在太陽還沒出來前就得先開始第一場冥想。在那之後，年輕的僧侶就會離開寺院，前去村莊或城市中為寺院乞討食物。他們只能在早上進食，過了這段時間，就得等到第二天早上才能再進食。某些僧侶會在白天研讀佛經。其他的僧侶則會從事冥想。另有一些僧侶則會去拜訪患病或垂死的人，給予他們一些宗教方面的幫助。在佛教中，死亡被看成是通往某個不可見的世界的門戶。根據佛教的觀念，垂死者需要一位有經驗的僧侶陪伴。

只有僧侶嚴格遵照佛陀的戒律過活。就這點來說，其實只有少數人能夠完全正確地奉行佛教。

宗教怎麼來的？為什麼人會相信看不見的神？寫給所有人的宗教入門書

佛教徒會在他們的寺廟裡做些什麼？必須如何
建造一間寺廟，才能滿足虔誠佛教徒的需求？

佛教的寺廟具有
怎樣的外觀？

佛教的寺廟往往都是只由一個大廳再加上一尊經過裝飾的巨
大佛像所構成。有時寺中還會設置一個祭壇，供奉所謂的
「聖髑」，例如某位高僧的金身或衣物。

幾乎所有的佛寺
都是屬於寺院。

　　佛寺幾乎都是屬於寺院。僧侶們會舉行各種儀式。
在月初與月中，僧侶們會齊集在寺廟裡，誦念佛陀的戒
律。在雨季結束時，農村或城市裡會有許多人前往寺廟，捐
贈布料給寺院裡的僧侶，好讓他們製作多半都是紅色的長袍。

　　大多數的佛教徒會在想為自己或親友祈福時前往寺廟。
人們也會讓新生兒或剛結婚的新人到寺廟裡接受祝福。他們
也會在寺廟裡和僧侶們會面，並且捐助他們一些金錢。這樣
的捐助被視為善行，有益於增加善業。（參見 P.128）

　　在東南亞的每個國家裡，佛寺的面貌都不盡相同。在日
本與中國，人們可以見到「寶塔」（pagoda），那是由多個斜
頂相互疊起的小塔。在印度、緬甸、尼泊爾及泰國等地，人
們則可見到「窣堵坡」（stupa），那是帶有類似塔尖的圓頂建
築。至於在喜馬拉雅山上，人們經常可以見到一些小型的紀
念塔（chorten），它們是用來紀念亡者的祈禱室。

為何某些佛像
會有許多的手臂？

一群孩子在一間失火的房子裡玩耍。由於他們玩得十分投入，所以一點也沒有察覺到危險。父親想要拯救他們。他的招數就是：利用新的玩具去引誘他們。藉此保護孩子們免受大火的危害。

上述這個故事出自《妙法蓮華經》，它是最著名佛經之一。佛經的內容基本上就是創立佛教的釋迦牟尼佛所傳授的教義。但《妙法蓮華經》卻不是出自釋迦牟尼佛。《妙法蓮華經》成書時，佛陀早已逝世500年。佛教徒是否也能傳布並非佛陀所傳授的教義呢？

這個故事是個比喻。故事中的父親指的是佛陀，玩具則是他所傳授的教義，失火的房子指的則是現實。這個比喻所要說的是，佛陀最初的教義幫助人們深入他們的宗教，正如孩子們玩得十分投入，只不過，這時他們有了危險，那個危險就如同身處於一間失火的房子。

人們需要新的教義。

因此必須借助新的教義引誘他們脫離危險，藉以拯救他們免於更多痛苦。換言之，這個比喻所要說的其實是，佛陀的舊教義已經不夠了！

佛教主要可分兩種：上座部佛教，以及大乘佛教。

許多佛教徒對於這個比喻十分惱火。他們認為，佛陀的「舊教義」（也就是所謂的上座部〔theravada〕）是完美的，不需要任何補充。而且，也唯有佛陀本人可以去補充它；但佛陀早已不在人間。這是斯里蘭卡、緬甸、泰國、寮國及柬埔寨等地的佛教徒的看法。人們也稱其為上座部佛教徒。

提出這項比喻的佛教徒對此則有截然不同的想法。他

　宗教怎麼來的？為什麼人會相信看不見的神？寫給所有人的宗教入門書

們認為，佛陀如今可說是某種神一般的存在，因此他可以傳播新的教義。身為神一般的存在，他賦予了人們《妙法蓮華經》。他至今的教義只適合於少數人；只適合於找到解脫的僧侶。對於所有其他的佛教徒來說，它們太過複雜；就像一部小型的交通工具，只有少數人能夠搭乘。它們必須被改造成一部大型的交通工具，才能讓盡可能多的人有機會悟道。梵語「mahayana」意即「大型的交通工具」、「大乘」。西藏、蒙古、中國、台灣、韓國、日本和越南等地的佛教，便據此稱為大乘佛教。

　　菩提薩埵（bodhisattva），亦即菩薩，是大乘佛教的典型。菩薩是能夠達到涅槃卻放棄涅槃的冥想大師。在所有的人悟道之前，祂們不想要跳脫重生的循環，也就是輪迴。也因此，祂們返回人間，幫助人們悟道。大乘佛教的佛教徒會敬拜許多這類菩薩。其中最知名的一位稱為「觀世音菩薩」。祂的塑像有時會被表現成伸出多隻手臂，藉以幫助飽受苦難的世人。

大乘佛教的佛教徒敬拜菩薩，菩薩是因同情世人而放棄自己的救贖的冥想大師。

14世達賴喇嘛被視為菩薩的化身。

人們如何才能前往純淨的國度？

佛教是種非常費工夫的宗教。許多佛教的信徒其實完全無法理解佛陀的教義。也因此，佛教中也存在著某些類似簡單的民間信仰。

大乘佛教著名的聖者之一名為「阿彌陀佛」，意即無量光，是位佛菩薩。據說，阿彌陀佛住在「淨土」，或稱西方極樂世界。祂在成佛前曾經發願：在我得道後，我將幫助所有本於信仰的精神呼喚我名字的人，他們將在一個純淨的國度中重生。

這是個十分慷慨的承諾。人們只要誦念「阿彌陀佛」，就能往生淨土。若是想想，佛教中常見的冥想之路有多麼艱辛，相形之下，誦念這種簡單的方法，簡直就像直達天堂的高速公路。

佛教淨土宗的信徒認為，誦念阿彌陀佛就能得道。

由於淨土宗的承諾極為誘人，這個宗派有許多追隨者，特別是在日本。

問題是，淨土宗這樣的信仰到底還算不算是佛教呢？畢竟，有別於其他宗教，例如基督教，佛教並未承諾人們應該相信些什麼，佛教其實只是告訴人們，如何確實達到那些境界。某些佛教徒確實經驗到了開悟。他們能夠做到不可思議的身體控制，擴展自己的意識，可以傳遞思想，可以醫治病人。這一切都需要耗費龐大的心力，光是誦念「南無阿彌陀佛」恐怕不夠。

淨土宗的信徒其實早就知道這個問題。他們的答案是：人們可以藉由呼喚阿彌陀佛之名到達淨土。不過，這只是到達涅槃的一個預備階段。在那之後，在重生後，人們便會在前往涅槃的路上有個好的開始。如果用賽車的術語來說，這就叫做桿位（pole position）。

宗教怎麼來的？為什麼人會相信看不見的神？寫給所有人的宗教入門書

有人提著一桶混濁的水。他看不見桶子的底。這個桶子很重。突然間，桶底居然破了。這時，這個提水的人可以看穿桶底。一切豁然開朗。

喝茶與佛教有什麼關係？

若是我們以需要桶裡的水做些什麼為前提，上述的故事聽起來就毫無意義。不過，某些日本的禪宗信徒卻認為，開悟的感覺就類似於，提水者眼中水桶底部破掉的瞬間。他完全沒有做些什麼，開悟突如其來地降臨，人們對於事物有了透徹的認識。禪是靜慮之意，指的是一種內在深度平靜的精神狀態。

佛教禪宗包含了一些簡單的活動。從前有本暢銷書叫做《禪與摩托車維修的藝術》(*Zen and the Art of Motorcycle Maintenance*)，此書會取這樣的書名絕非偶然。

禪宗師父會幫助他們的弟子，盡可能朝著目標尋求開悟。閱讀書籍或與人討論，在他們看來其實是種干擾。對他們來說，最快的開悟之道就是放鬆地坐著冥想。

到了某個時刻，弟子就會變成只活在當下。再無什麼事物會讓他們從自己正在做的事情上分心。一心只想著自己正在做的事，可說是極度地困難。這其實是很難做到的事情。畢竟，我們的腦海裡總會忽然閃過某個想法、萌生某個念頭。因此，禪宗弟子必須進行許多練習，藉此做到這件難以做到的事情。

某些禪宗師父會把他們的練習和運動結合在一起，例如射箭。唯有專注的弟子才能在距離很遠之下將箭射中靶心。

茶道同樣也能培養專注力。弟子必須先取來水和柴火，將水煮沸，接著把茶泡好，然後將它呈上。整個儀式得要花上4小時的工夫。過程中瀰漫著平和的氣氛；除了茶壺嗡嗡作響以外，人們是在無聲無息下操作著茶具。

8

中國的宗教
Chinesische Religionen

中國人到底多有宗教性？

如果宗教是信奉神明，那麼古代的中國並沒有宗教。然而，宗教並不僅止於此。它還包括了關於遠古時期的故事、寺廟、宗教的行為與象徵等等。

最初的人類是如何試著去解釋這個世界是如何運作的呢？可以肯定的是，在嘗試理解這個世界的過程中，他們必然是從自己的生活環境出發。

對於中國人來說，世界的運行是根據「道」。「氣」是生命的力量。它可以是女性的、寒冷的、陰暗的、潮濕的：陰。也可以是男性的、溫暖的、明亮的、乾燥的：陽。

在中國，數千年來，人們的生活頗為平靜。那裡有每年會氾濫的河流，人們可藉以播種和收成。在中國，生命順應著總是相同的生命流。中國人稱這種生命流為「道」。對於農民的生存來說，農作物的生命力是至關重要的。中國人認為它們是隱藏在萬事萬物裡的一種力量，人類身上同樣也隱藏著這種力量。他們稱之為「氣」。氣會讓植物枯萎和成長，因此具有兩股分力：一股是促使腐朽的力量，稱為「陰」，另一股則是促使生長的力量，稱為「陽」。

此外，稻米粒總是生出稻米，小米粒總是生出小米，萬事萬物都有一個完美的本質，也就是「德」。人也可以是完美的，只不過，前提是，他必須是好的，必須遵循生命的規則。

農民當然會試著去阻止洪水和暴雨毀壞辛苦種植的農作物。然而，由於他們無法去對抗生命力「氣」，因此他們就必須去做符合生命流「道」的事。他們必須舉行宗教儀式、建造寺廟、努力當個好人。中國人稱這種正確的行為為「理」。

神明並不存在於這樣的世界裡。儘管如此，數千年來，中國人還是以一種可稱之為宗教的方式過活。

宗教怎麼來的？為什麼人會相信看不見的神？寫給所有人的宗教入門書

中國只有少數關於世界形成的故事。中國擁有歷史超過4300年的古老文化。在這當中，人們喜歡回憶在朦朧的史前時代裡的那些統治者。

中國有很多關於遠古時代的故事，數量多到幾乎無法依序講述它們。它們總是一再講述一個無論如何就是比較美好的世界；像是在「炎帝」，某種太陽神，活著的那個時候。根據中國人所述，炎帝教導農民種植各種農作物，還用漿果和藥草醫治病人。炎帝有個命運悲慘的女兒，她的動人故事也深受中國人喜愛。據說，有一回，她漫步到海邊，這時忽然起了一陣巨浪，將她捲入海中。她的靈魂化為一隻小鳥。由於她和她的父親一樣仁慈，她不希望自己所遭遇的悲劇也發生在其他人身上，於是她開始用自己的鳥喙啣起小石子丟入大海中，想將大海填滿。某些感佩其精神的中國人甚至認為，她至今依然在這件事情上努力不懈。只不過，距離達成目標還很遙遠；畢竟，眾所周知，大海依然還是那麼地深。

　　「黃帝」的故事同樣受中國人喜愛。他發明了指南車。如今的中華民族便是源自他兒子的家庭。不過，最重要的是，他必須先打敗一個難纏的對手，這個對手會利用雲霧和暴風雨來征服敵人。所幸，黃帝總是知道防禦的方法。不僅如此，他還有一條飛龍相助。龍在中國被視為善的力量。

對於中國人來說，龍是吉祥物。在中餐館開幕時，經常會有舞龍的表演。

孔子教導了些什麼？

己所不欲，勿施於人。第一個表達出這種智慧思想的人是中國的孔夫子。在歐洲，人們則稱他為「Konfuzius」。

事實上，這個人名叫孔丘，人們稱他為孔夫子。夫子是中國人對老師的尊稱。前往中國的基督教傳教士將「孔夫子」（Kung-Fu-Tzu）連寫起來，以教會的語言拉丁語來讀，就成了「Konfuzius」。孔子生存於距今2500年前。由於他的思想深具智慧，因此在世界上的所有文化中都能適用。只不過，因為它們是建立在古中國的「道」、「氣」、「陰」、「陽」、「德」、「理」等思想上，所以歐洲人有時不太容易理解。到了孔子所身處的時代，中國其實已經有1800年的歷史！

孔子曾被問到，人們應該如何侍奉鬼神。他的回答是：「人都不能侍奉好，還談什麼侍奉鬼神呢？」另有人向他請教關於死亡的問題。他的回答是：「人生在世的事情尚且未能完全了解，又哪裡曉得人死之後的事情呢？」孔子並未表示，不存在任何鬼神及死後世界；他所要表達的其實是，人們應當先關心生活在這世上的人。

孔子是中國最重要的思想家之一。他所教導主題的主要是「人」。

「人」對於孔子來說非常重要。

不過，孔子的思想同時卻也十分老派。他希望，人們能夠遵守古代的生活規則（「禮」）。換言之，人們應當尊敬祖先，無論是在生的父母、祖父母，抑或是過世的曾祖父母。時至今日，中國人仍會將祖先的牌位和畫像奉於供桌上，在它們前面焚香，遇有節慶或祖先的忌日，還會獻上供品和紙錢，這些都是中國人尊敬祖先的一部分。人們會在祖先的畫

像前行禮或祈禱；這是宗教。

「尊敬父母，使你得福，並使你的日子在你神耶和華所賜你的地上得以長久」，這是猶太教與基督教的戒律。成年人應當照顧年邁的父母。因為，一個人唯有這麼做，到日後他上了年紀時，他才能期待自己的子女也同樣來照顧自己。也因此，後頭才會附上「使你得福，並使你的日子在你神耶和華所賜你的地上得以長久」這樣的句子。在猶太教與基督教的戒律中，尊敬父母所關乎的是照顧，而非服從。孔子所教導的卻有所不同。在他看來，子女應該服從。他認為，這是良善的基礎與文化的開端。其背後的思想就是，人們必須盡早學習服從。

對孔子來說，「尊」與「卑」非常重要。每個人都應該服從「尊者」；兒子應該服從父親、臣下應該服從君主、妻子應該服從丈夫、弟弟應該服從哥哥。唯有朋友才應當平等地相互友愛。

> 孔子的想法是，兒子應該聽從父親、臣下應該聽從君主、妻子應該聽從丈夫、弟弟應該聽從哥哥。

「尊者」在儒家裡有多重要，我們不難從以下的故事看出。孔子著名的再傳弟子孟子曾被問到：「天子（舜）的父親殺了人，天子是否應該追究父親的殺人罪？」孟子的回答是：「天子應該捨棄天子之位，背負自己的父親逃亡。」

另有一個關於兄弟之情的故事。有人問孟子：「天子（舜）的弟弟一直想要殺害他，他該如何處理？」孟子的回答是：「他應該把他流放到一個遠離天子的地方。」孟子接著又被追問：「為何那個地方的人民必須忍受壞心的弟弟呢？」孟子則反駁說：「天子必須以友愛來對待自己的弟弟。」

人們應該順著自己的直覺嗎？

在距今2400年前，老子教導人們，應當順著自然的生命流（道）過活。他的思想被稱為「道家」。

自發的決定往往都是正確的決定。人們重視直覺，聽從靈感。也因此，中國有種思想建議我們順著自發性與直覺。

有人說，留給人們的第一印象最是重要，它決定了，人們是否覺得某個人和藹可親。例如在面試中，這樣的第一印象就非常重要；儘管面試者有很好的學經歷，許多人事主管還是會根據他們的「直覺」來決定。

中國有位偉大的思想家認為，所有決定的基礎應該是自發性、靈感和直覺。這位偉大的思想家名為老子。他的許多想法和孔子所建議的想法，可說是完全矛盾。孔子希望人們能夠屈從於社會的秩序。相反地，老子卻希望人們可以找到自己內在的平靜，依循自己的靈感。他認為，人們應該順應的，不是社會的規則，而是自然的生命流：「道」。

對於孔子來說，道是某種社會生活法則，人們可以從中學習正確的行為（禮）；他所指的其實是「從屬」、「隸屬」。對於老子來說，道則是自然的、永恆的、無名的且無法描述的一個整體。一個人若想在自己身上感受到這種無法描述的能量，就必須簡單、寧靜、淡薄地過活，最重要的是，不能夠做任何違背自然的事。老子認為，唯有如此，人們才能達到深度的內在平靜。這讓人不禁聯想到佛教。事實上，過了數世紀之後，在某些地方，這兩種思想的確相互結合了起來。

　宗教怎麼來的？為什麼人會相信看不見的神？寫給所有人的宗教入門書

第一批前往中國的基督教傳教士見到中國人在寺廟裡供奉孔子、祭拜神壇上的祖先畫像，並將自己的皇帝視為天子。

儒家是不是一種宗教？

儘管如此，對於那些傳教士來說，儒家依然算不上是宗教。因為儒家並沒有信奉任何神明，那些傳教士只把儒家理解成某種學說。他們認為，人們大可將基督教與儒家美好地結合起來。只不過，無論如何，他們總是難以讓中國人拋棄儒家思想。相對地，佛教與道教對基督教的傳教士來說卻是競爭的宗教。畢竟，在佛教與道教中存在著神明、僧侶和寺廟；所有的這一切，基督教的傳教士在自己的宗教中也十分熟悉。

許多中國人也抱持類似的看法。儒家的學說無法為他們解答，諸如「人死之後究竟會怎樣」、「人們如何才能戰勝妖魔鬼怪」等問題。孔子從未回答過這類問題。也因此，許多中國人轉而求助於道教或佛教，這些在中國屬於大型的宗教。

每種宗教都有其優缺點，儒家也不例外。舉例來說，儒家就無法幫助人們為死亡做準備。許多垂死的中國人寧可依靠佛教或道教的僧侶。

就連在結婚方面，某些東亞人士也不是很青睞儒家的習俗。一場在某個華麗的教堂裡舉行、新娘身著白色婚紗的基督教婚禮，看起來更加富麗堂皇；相信絕大多數的人都曾在好萊塢的電影裡見識過這一點。儘管如此，大多數的東亞人士還是認為自己有著儒家的傾向。

附錄：詞彙表

亞伯拉罕（Abraham）：如果真有亞伯拉罕這個人的話，他應
　　該是活在西元前1900年到西元前1500年之間。他是一
　　個游牧人，被視為閃米人的共同祖先；諸如阿拉伯人和
　　以色列人，都是屬於閃米人。對於基督徒來說，他是一
　　個信仰的典範；對於穆斯林來說，他則是一個偉大的先
　　知。

阿周那（Arjuna）：傳說中，阿周那是個非常厲害的射手，他
　　能左右開弓。他是否曾經真實存在過，我們無從得知。
　　根據傳說，因陀羅（〔Indra〕又名帝釋天〔Sakra〕）是他
　　的生父。因為戰爭的使命召喚他，他打破一項誓言，闖
　　入一個被禁止進入的房間，取出了他的武器。由於打破
　　誓言的緣故，阿周那被流放12年。當他再度歸來時，
　　為了奪回自己的王國，他與勢力龐大的親族進行了一場
　　惡鬥。

安增仁波切（Azin Rinpoche, 1936－1982）：仁波切是對藏傳佛
　　教領袖的一種尊稱，其意為「珍寶」。安增仁波切在
　　1959年時從西藏逃往尼泊爾，因為中國的軍隊占領了
　　他的故鄉。他在那裡建立了一座修道院。1983年3月
　　23日，在他圓寂數月之後，他又再度轉世為現今的安
　　增仁波切。

宗教怎麼來的？為什麼人會相信看不見的神？寫給所有人的宗教入門書

巴克提韋丹塔‧斯瓦米（Bhaktivedanta Swami, 1896－1977）：他的俗名是阿拜‧查冉‧德（Abhay Charan De）。在1947年時，由於他所寫的關於印度教的著作，而被尊稱為「巴克提韋丹塔」，意即「深刻崇敬《吠陀》中的古老教義」。1959年，他進入棄絕期（samnyasa），成為一個托缽僧。1965年，他前往美國，繼而又在美國成立了「國際黑天覺悟會」（International Society for Krishna Consciousness；簡稱：ISKCON；又稱哈瑞奎師那〔Hare Krishna〕）。

迪特里希‧潘霍華（Dietrich Bonhoeffer, 1906－1945）：在納粹統治期間，福音教派牧師潘霍華參與了反納粹的抵抗運動。在一場刺殺希特勒的行動失敗後，由於他參與了這場行動的策畫，就在戰爭結束的一個月前，希特勒下令將他處死。

約翰‧喀爾文（Jean Calvin, 1509－1564）：約翰‧喀爾文是福音教派最重要的代言人之一。他在33歲時加入了宗教改革的行列，那是當時的一場教會的更新運動。1563年，他在瑞士的日內瓦成為傳教士。從這裡出發，他將宗教改革的思想轉化到政治中。西歐與美國的新教徒至今仍在傳播他的教義。

以色列的大衛王（David, King of Israel, 1000－965 B.C.）：大衛王是以色列最重要的一位國王。他占領了耶路撒冷，讓耶路撒冷成為其王國的首都。猶太人盼望著，大衛王有朝一日能化身為彌賽亞（messiah）回歸。

釋迦牟尼佛（Siddhartha Gautama Buddha, 566－486 B.C.）：在西元前6或5世紀時，釋迦牟尼佛在某個宮廷裡誕生為王子。當他在生命中首度面對疾病和死亡時，他深感震驚。他試圖透過冥想尋覓解脫痛苦的出路。在他悟道之後，他成了「佛陀」。之後，他便開始傳布自己的一套關於解脫痛苦的教義，日後則逐漸演變成佛教。

聖雄甘地（Mohandas Mahatma Gandhi, 1869－1948）：印度人莫罕達斯・甘地曾號召罷工，發起大規模的公民不服從運動，不遵守各種歧視性的法律。後來聖雄甘地成功地幫助印度人，以和平的方式擺脫了英國人的殖民統治。

胡笙・伊本・阿里（Husayn ibn Ali ibn Abi Talib, 628－680）：胡笙是伊斯蘭教先知穆罕默德的外孫。由於許多穆斯林不承認哈里發在眾位先知之後的合法統治地位，因此他變得十分重要。這些穆斯林只接受胡笙的父親和長兄；但他們卻從未以哈里發的身分統治過。當他們死去後，胡笙被這些穆斯林視為合法的宗教領袖。在一場無望的權力爭鬥中，胡笙不幸戰死。直到今日，許多穆斯林，什葉派，仍會悼念他的死亡。

耶穌（Jesus, 約4 B.C.－30 A.D.）：耶穌身為一位猶太木匠之子在拿撒勒長大。他先是接受了施洗約翰的洗禮，後又成為一位雲遊傳道者。他邀請社會的局外人回歸所屬的社會。他還表示，上帝的國度近了。由於他違反許多宗教禁令，引發了猶太人的宗教領袖對他的憤恨，在前往耶路撒冷朝聖期間遭到逮捕，其後更被當成叛亂分子處

決。基督徒相信，他在遭到處決3日後死而復生。對他們而言，他是上帝之子與彌賽亞，希臘文稱為「基督」。

施洗約翰（John the Baptist, 死於約28 A.D.）：施洗約翰是位知名的猶太傳教士，他只比耶穌稍微年長幾歲。他告訴人們，必須懺悔自己的惡行。做為象徵，他們必須在約旦河中進行一場洗淨的沐浴。耶穌也接受了一場這樣的沐浴潔淨自己。至今為止，基督徒仍維持著這種特殊的洗禮形式。

孔子（Konfuzius, 551－479 B.C.）：孔子出身於中國的上流社會。在為官一段時間後他辭去了官職，轉而當起上流社會成員的老師，成為某種哲學家。孔子的弟子在他死後繼續傳布他的思想。日後孔子更進而被奉為中國的至聖先師。

老子（Laozi, 約500 B.C.）：關於老子的生平，我們所知不多。目前仍無法確定，他與孔子活在同一時期，抑或晚了幾十年。老子最著名的作品是一部語錄。他被奉為道家的創始人。

馬丁·路德（Martin Luther, 1483－1546）：馬丁·路德是基督教的僧侶。當時，天主教教會正在大力販售據稱可以免人罪刑的贖罪券。路德嚴厲譴責這種利用人類輕信的牟利行為。他不顧一切反彈，大聲主張教會改革。其結果就是，原本的教會分裂成羅馬公教與反對教派。

圖爾的聖馬丁（Saint Martin of Tours, 316－397）：馬丁原是個軍人，後來他離開軍隊，在圖爾創辦了法國的第一所修道院。後來他在法國人心目中成了某種民族聖徒。關於他的善行，流傳了許多故事，像是有一回，他在寒冬中見到一名冷得發抖的乞丐，他心生憐憫，遂割下自己身上的一半袍子，將它覆在那名乞丐身上。

穆罕默德（Muhammad, 570－632）：穆罕默德曾是個住在麥加的阿拉伯商人。在他40歲的時候，耳畔傳來大天使啟示他開創一個新宗教的聲音。起初這個新的宗教只有少許信徒。西元622年時，他不得不逃往麥地納。他在那裡逐漸成為一位政治領袖。到了630年，麥加也落入了他的掌控之中。穆罕默德稱自己為「最後的先知」。一直到他死前，他曾口述了許多的啟示，這些啟示在他去世後才被記錄下來，進而編纂成《古蘭經》。

賈瓦哈拉爾・尼赫魯（Pandit Jawaharlal Nehru, 1889－1964）：賈瓦哈拉爾・尼赫魯出身於一個富裕的婆羅門家庭，婆羅門是印度教的祭司貴族。他曾與甘地攜手共同為印度的獨立奮鬥，他並不相信人們可以光憑非暴力的手段來推動政治。在印度於1947年獨立後，直到他去世為止，他都是印度的首任總理。

烏里希・慈運理（Huldrych Zwingli, 1484－1531）：約與馬丁・路德在德國同樣的時間，烏里希・慈運理也在日內瓦推動教會的改革。他廢除了齋戒規定、聖像、修道院、宗教遊行及類似的習俗。在蘇黎世與瑞士其他信仰天主

教的省分所發生的戰爭中，他曾在蘇黎世的部隊裡擔任
野戰傳教士，最後不幸在戰場上陣亡。

向下扎根！
德國教育的公民思辨課6——

宗教怎麼來的？為什麼
人會相信看不見的神？
寫給所有人的宗教入門書

Weltreligionen: Basiswissen zum Mitreden
© 2016 Loewe Verlag GmbH, Bindlach
through Jia-xi Books Co. Ltd., Taipe

向下扎根！德國教育的公民思辨課. 6,
「宗教怎麼來的？為什麼人會相信看不見的
神？」：寫給所有人的宗教入門書／
布克哈德‧懷茲（Burkhard Weitz）文；
薇瑞娜‧巴浩斯（Verena Ballhaus）圖；
王榮輝譯
.—初版.—台北市：麥田出版：
家庭傳媒城邦分公司發行，2018.12
譯自：Weltreligionen : Basiswissen zum
Mitreden
ISBN 978-986-344-611-8（平裝）
1.宗教與教育
203   107020285

封面設計　廖韡
印　　刷　漾格科技股份有限公司
初版一刷　2018年12月
初版八刷　2021年4月

定　　價　新台幣299元
Ｉ Ｓ Ｂ Ｎ　978-986-344-611-8
Printed in Taiwan
著作權所有‧翻印必究

作　　者　布克哈德‧懷茲（Burkhard Weitz）／文
　　　　　薇瑞娜‧巴浩斯（Verena Ballhaus）／圖
譯　　者　王榮輝
責任編輯　林如峰
國際版權　吳玲緯　蔡傳宜
行　　銷　艾青荷　黃家瑜　蘇莞婷
業　　務　李再星　陳紫晴　陳美燕
主　　編　林怡君
編輯總監　劉麗真
總 經 理　陳逸瑛
發 行 人　涂玉雲

出　　版

麥田出版
台北市中山區104民生東路二段141號5樓
電話：(02) 2-2500-7696　傳真：(02) 2500-1966
網站：http://www.ryefield.com.tw

發　　行

英屬蓋曼群島商家庭傳媒股份有限公司城邦分公司
地址：10483台北市民生東路二段141號11樓
網址：http://www.cite.com.tw
客服專線：(02)2500-7718; 2500-7719
24小時傳真專線：(02)2500-1990; 2500-1991
服務時間：週一至週五09:30-12:00; 13:30-17:00
劃撥帳號：19863813　戶名：書虫股份有限公司
讀者服務信箱：service@readingclub.com.tw

香港發行所

城邦（香港）出版集團有限公司
地址：香港灣仔駱克道193號東超商業中心1樓
電話：+852-2508-6231　傳真：+852-2578-9337
電郵：hkcite@biznetvigator.com

馬新發行所

城邦（馬新）出版集團【Cite(M) Sdn. Bhd. (458372U)】
地址：41, Jalan Radin Anum, Bandar Baru Sri Petaling,
57000 Kuala Lumpur, Malaysia.
電話：+603-9057-8822　傳真：+603-9057-6622
電郵：cite@cite.com.my